Dema Oliveira

As 7 inteligências da expansão de negócios

AS CHAVES PARA SAIR DA ESTAGNAÇÃO E TRANSFORMAR SEU NEGÓCIO EM LÍDER DE MERCADO

CB021415

Diretora
Rosely Boschini

Gerente Editorial Sênior
Rosângela de Araujo
Pinheiro Barbosa

Editora Sênior
Audrya Oliveira

Assistente Editorial
Mariá Moritz Tomazoni

Produção Gráfica
Leandro Kulaif

Preparação
Debora Capella

Capa, Projeto Gráfico e Diagramação
Marcia Matos

Revisão
Andresa Vidal

Impressão
Edições Loyola

CARO(A) LEITOR(A),
Queremos saber sua opinião
sobre nossos livros.
Após a leitura, siga-nos no
linkedin.com/company/editora-gente,
no TikTok **@editoragente**
e no Instagram **@editoragente**,
e visite-nos no site
www.editoragente.com.br.
Cadastre-se e contribua com sugestões,
críticas ou elogios.

Copyright © 2024 by Dema Oliveira
Todos os direitos desta edição
são reservados à Editora Gente.
Rua Natingui, 379 – Vila Madalena
São Paulo, SP – CEP 05443-000
Telefone: (11) 3670-2500
Site: www.editoragente.com.br
E-mail: gente@editoragente.com.br

Dados Internacionais de Catalogação na Publicação (CIP)
Angélica Ilacqua CRB-8/7057

Oliveira, Dema
As 7 inteligências da expansão de negócios : as chaves para sair da estagnação e transformar seu negócio em líder de mercado / Dema Oliveira. - São Paulo : Editora Gente, 2024.
192 p.

ISBN 978-65-5544-471-1

1. Sucesso nos negócios 2. Desenvolvimento profissional 3. Desenvolvimento pessoal I. Título

24-1349 CDD 650.1

Índices para catálogo sistemático:
1. Sucesso nos negócios

Este livro foi impresso pela Edições Loyola em papel
lux cream 70 g/m² em maio de 2024.

NOTA DA PUBLISHER

"Não basta saber vender mais, é preciso ter estratégia de expansão", é o que diz Dema Oliveira. E como essa declaração é importante e verdadeira para todos os líderes, executivos e empreendedores!

As 7 inteligências da expansão de negócios é um livro que chega ao mercado para desmistificar o crescimento exponencial e apresentar novos formatos para que os negócios possam aumentar suas chances de sucesso e resultados.

Nos últimos vinte anos, Dema Oliveira apoiou grandes empresas em sua jornada de expansão, como Tim, Unilever e Samsung. Agora, ele reúne os melhores aprendizados dessa experiência para que você, leitor e leitora, não se perca em meio às demandas da rotina e, começando agora, coloque o foco e a energia para impulsionar o seu posicionamento estratégico, tornando metas audaciosas realidade.

Através de exemplos inspiradores e reais, você aprenderá uma metodologia prática para identificar todas as oportunidades de melhoria nas áreas sob sua gestão e como dar início a uma nova fase na empresa imediatamente. Além disso, vai ter o caminho para superar as cinco dores da expansão: atração de talentos, falta de processos estruturados, dificuldade em construir e otimizar seu funil de vendas, falta de tempo e falta de recursos financeiros para expandir. Este livro é um convite para que você implemente estratégias mais coerentes e matadoras para o crescimento.

Citando o autor novamente, "quem sonha grande, voa alto; e são as grandes metas que fazem seu negócio crescer". Aproveite a leitura!

Rosely Boschini
CEO e Publisher da Editora Gente

Dedico este livro a Deus, cuja luz e
orientação têm sido minha bússola constante,
e à minha amada esposa, Kelly Oliveira, por
sua inspiração e seu apoio inabalável.

AGRADECIMENTOS

Em meio ao campo de batalha onde os sonhadores se tornam guerreiros, e os corações audaciosos desafiam limites e fronteiras, eu me encontro entre letras e páginas, pronto para contar minha história.

Àqueles que caminharam antes de mim, aos empresários destemidos, que moldaram o mundo com visão e coragem, minha gratidão ecoa pelos corredores do tempo, pelas trilhas que abriram, pelos legados que deixaram.

Aos que sonharam grande e conquistaram algo ainda maior, aos que transformaram desafios em oportunidades, agradeço por inspirarem minha jornada, por mostrarem que "impossível" é apenas uma palavra no dicionário dos que ousam.

Neste livro, ergo um brinde aos visionários, aos que pensam em legados, e não somente em lucros, que constroem impérios com tijolos de ideias e paixão, que deixam marcas indeléveis na tapeçaria do tempo.

Que estas palavras sirvam como um farol, iluminando o caminho daqueles que ousam sonhar; que cada página seja um convite para voar mais alto, para desbravar novos horizontes e conquistar novas estrelas.

Que este livro seja mais do que uma história, mas, sim, um manifesto de possibilidades, um lembrete de que o destino pertence aos corajosos, aos que acreditam no poder de seus sonhos.

Aos desafios profissionais, às metas audaciosas e aos projetos aparentemente impossíveis, agradeço por moldarem meu caminho.

Por fim, um agradecimento especial aos times, consultorias, mentores, parceiros, fornecedores, clientes, colaboradores e sócios, cujas colaborações foram cruciais para cada conquista.

SUMÁRIO

PREFÁCIO

Quando falamos sobre liderança, o líder qualificado é aquele que possui a habilidade de ter uma visão e trazê-la do abstrato à realidade. Liderança sempre foi nada mais, nada menos, do que a influência de levar uma pessoa ou um grupo do ponto A para o ponto B, criando mundos e espaços. Independentemente do contexto em que vivemos, é crucial para o líder entender que as circunstâncias da sua origem não determinam o seu destino. Para exemplificar, cito a narrativa bíblica no livro de Gênesis,[1] em que José é vendido como escravo pelos próprios irmãos, enfrentando adversidades no Egito e até mesmo um aprisionamento injusto. Porém, sua sabedoria e seu dom de interpretação o põem diante de gente poderosa – nesse caso, o faraó. Foi nesse novo espaço que a visão de José se tornou a solução para uma crise mundial de fome. José é apenas um de diversos exemplos de boa mordomia[2] e excelência com o contexto atual que abre espaços para futuros maiores.

Ao liderar pessoas e organizações, o valor pela excelência e a constante busca por aperfeiçoamento é imprescindível para aqueles que querem subir de patamar. O começo do seu crescimento está no final da sua zona de conforto. Uma liderança efetiva tem sua base na capacidade de enxergar além do presente, identificando oportunidades e desafios que outros podem não perceber. Eles bus-

1. Gênesis - Bíblia Online - ARA. Bíblia Online, [s.d.]. Disponível em: https://www.bibliaonline.com.br/ara/gn. Acesso em: 12 abr. 2024.

2. Sob um olhar cristão, significa a responsabilidade de administrar ou cumprir as atribuições que uma pessoa recebe num chamado, ou de cuidar das coisas com as quais somos abençoados por Deus. [N.E.]

cam inovação e estão dispostos a correr riscos calculados para alcançar seus objetivos. Tem uma frase de Henry Ford com que concordo muito: "O único erro real é aquele com o qual não aprendemos nada", e Dema Oliveira, neste livro, orienta a encarar os fracassos não como obstáculos, mas como oportunidades de aprendizado e crescimento fundamentais para a expansão de nossos empreendimentos, sempre buscando o crescimento no desconforto.

Este livro não é apenas um manual, é um convite para novos horizontes, que te impulsiona a ir além das fronteiras dos seus limites como um guia prático, repleto de chaves e estratégias comprovadas que podem levar qualquer empresa ao sucesso. Dema Oliveira possui uma vasta experiência como executivo e multiempresário, e é reconhecido por sua habilidade em identificar oportunidades e transformá-las em resultados concretos, o que o tornou uma figura emblemática no cenário empresarial. Ele não apenas compartilha seu conhecimento, mas inspira o leitor a agir e a trilhar um caminho de expansão com confiança e determinação.

Em Isaías 41:10, o profeta diz: "Não temas, porque eu sou contigo; não te assombres, porque eu sou o teu Deus; eu te fortaleço, e te ajudo, e te sustento com a minha destra fiel." Essas palavras são um farol que ilumina o coração do líder, que o guia através dos momentos de incerteza e o desafia independentemente da esfera onde estiver atuando, seja na vida pública, na vida corporativa ou na vida particular. Essas palavras servem ao líder como memorial constante de que ele não está sozinho na jornada empresarial, mas que tem o apoio e a orientação divina ao seu lado. Boa leitura.

Teófilo Hayashi,
fundador do Dunamis Movement e
líder Sênior Zion Church

Eu não poderia estar mais entusiasmada e orgulhosa deste livro. Dema realmente viveu uma jornada empresarial brilhante, durante a qual pude acompanhar sua carreira como expansionista de negócios em grandes empresas multinacionais. Ele tem um conhecimento profundo e muito prático sobre o tema que o permitiu desenvolver um verdadeiro método - As 7 inteligências da expansão de negócios, que você tem em mãos hoje. Este é um livro que todo empresário que deseja crescer os negócios precisa ler. Se você aplicar o que encontra aqui, transformará a sua carreira e os seus negócios. Uma verdadeira obra com ações práticas, metodologia e ciência. Imperdível!

Dra. Kelly Oliveira,
esposa de Dema Oliveira

Neste livro, Dema Oliveira mergulha em sua vasta experiência no mundo empresarial para apresentar estratégias poderosas para impulsionar o crescimento e a expansão de qualquer negócio. Como um verdadeiro mestre da área, Dema combina sabedoria prática com insights profundos, proporcionando um guia prático e inspirador para empreendedores de todos os níveis. Com uma abordagem holística, ele identifica e explora as sete inteligências essenciais para navegar com sucesso pelos desafios da expansão de negócios.

Seja você um empresário iniciante ou um veterano experiente, *As 7 inteligências da expansão de negócios* pode transformar a maneira como você conduz seus negócios. Prepare-se para expandir seus horizontes, alcançar novos patamares e elevar o seu negócio ao próximo nível com a orientação especializada de Dema Oliveira. Este livro é mais do que uma leitura obrigatória – é um recurso indispensável para qualquer empreendedor determinado a alcançar o sucesso.

Victor Silva,
COO Goshen Land

"Nós escolhemos ir à Lua nesta década
e fazer as outras coisas, não porque
são fáceis, mas porque são difíceis."
– John F. Kennedy

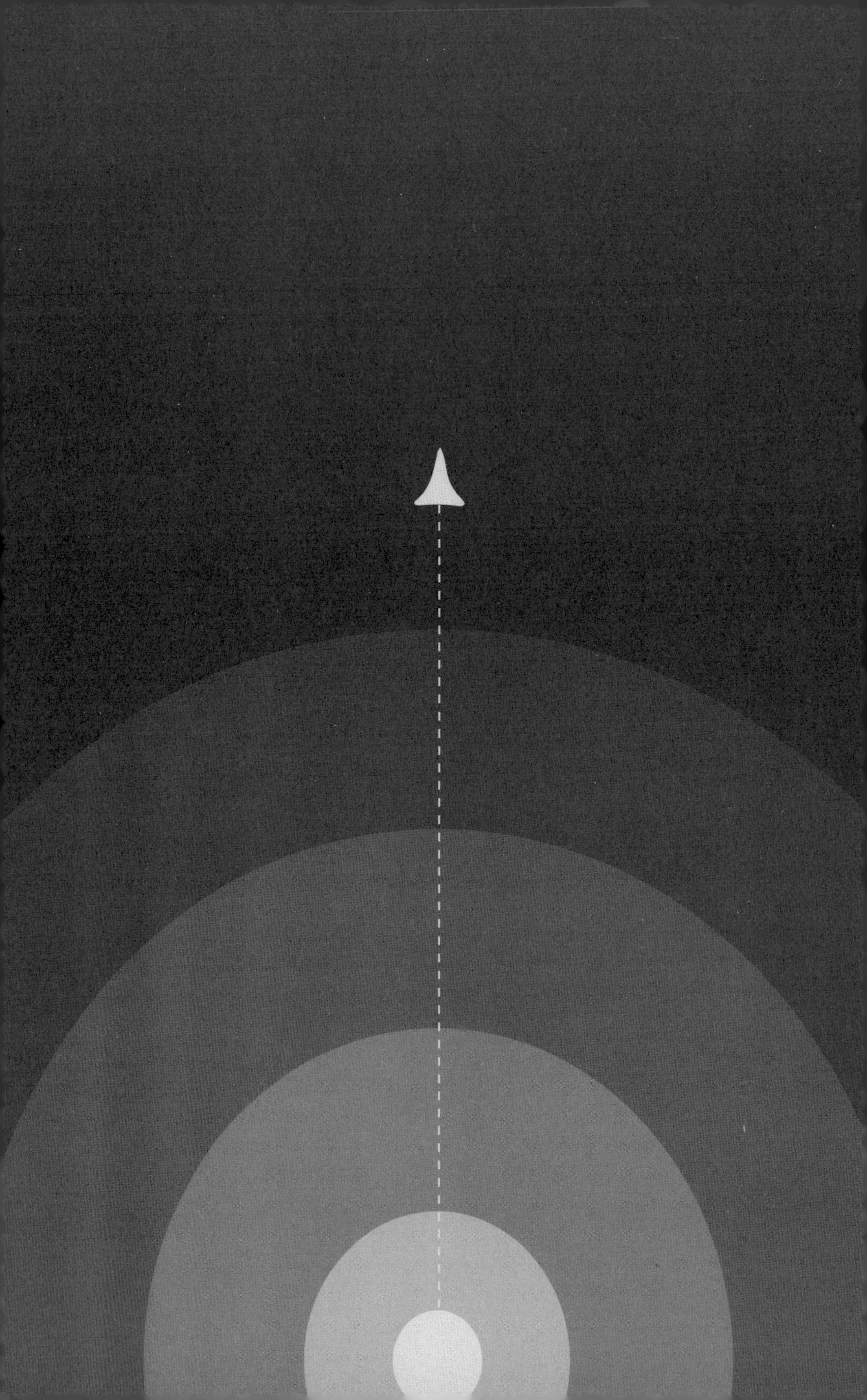

INTRODUÇÃO

A busca pelo crescimento empresarial é uma jornada desafiadora enfrentada por qualquer empresário ou empreendedor. Não se trata de um problema novo nem de uma questão somente atual; é uma realidade incontestável: empresas vêm enfrentando prejuízos financeiros e perdendo valiosas oportunidades por conta da estagnação de seus negócios. E se você tem sua própria empresa, sabe muito bem do que estou falando.

Os resultados que você deseja parecem inalcançáveis, as contas não fecham ou não se equilibram no final do mês, a motivação de sua equipe está baixa, e você se sente perdido e cansado sem saber qual é o melhor caminho para fazer seu negócio decolar na velocidade da luz. Eu poderia dizer que o que falta é apenas um melhor planejamento estratégico, porém é muito mais do que isso! O desafio é maior do que somente uma frase motivacional, como "organize-se" ou "planeje-se"; eu poderia dizê-las, mas não adiantariam de nada. Estou aqui para ensinar o que efetivamente vai gerar um aumento significativo no lucro de sua empresa, em sua prosperidade pessoal e na de seus colaboradores e parceiros por consequência. Então, antes de entrarmos no método **7 Es – As 7 inteligências da expansão de negócios**, que você deverá estudar profundamente, quero mostrar que, ao contrário do que se imagina, esse não é um problema recorrente apenas nas pequenas e médias empresas.

Atuei como alto executivo em grandes corporações ao longo dos últimos vinte anos e contribuí significativamente para empresas de renome, como Unilever, MCS TIM e Samsung – sendo esta última minha trajetória mais marcante. Minha atuação – sempre relacionada aos altos executivos dessas corporações e reportando-me diretamente a eles – fez minha carreira decolar meteoricamente e, claro, a partir disso comecei a perceber quais eram os diferenciais de quem alcançava grandes metas para que as empresas decolassem como um foguete.

Quando fui contratado pela Samsung, em 2010, eu e um time multidisciplinar recebemos o desafio de posicionar a empresa como líder no mercado brasileiro de celular. Nessa época, a Samsung detinha aproximadamente 4% de participação de mercado, competindo com empresas como Nokia, Motorola e outras, adoradas por seus fiéis clientes. Já em 2012, nosso objetivo era elevar essa participação para 50%, superando todas as expectativas anteriores, o que foi uma conquista notável, já que, até então, não existia registro de algo semelhante com tanta velocidade no mercado. Assim, minha habilidade para expandir negócios e atingir metas ambiciosas se tornou evidente e fui escalado pelos coreanos para replicar o feito, só que dessa vez em outros projetos, como lojas próprias da Samsung e outros projetos que mencionarei neste livro.

Eu nunca questionei uma meta e, hoje, percebo que sou um verdadeiro entusiasta quando se trata de enfrentar desafios aparentemente impossíveis. Um pouco como Ayrton Senna, Elon Musk e Jorge Paulo Lemann, nunca hesito quando é preciso correr atrás de um resultado; minha abordagem é sempre simples e direta: fazer o necessário para alcançar metas predefinidas. Neste livro, quero ensinar você a desmistificar o crescimento exponencial, para que possa fazer o mesmo com seu negócio. Não basta saber vender mais, é preciso ter estratégia de expansão – e é isso o que você vai aprender nas próximas páginas.

Como eu sei fazer tudo isso? Além da vasta experiência nessas empresas, a verdade é que venho de uma família humilde: minha mãe era dona de casa, e meu pai era cabeleireiro, o que moldou minha mentalidade desde cedo. Afinal, a escolha era clara: trabalhar ou ter o mesmo destino dos meus pais. Portanto, desde muito jovem sempre optei pelo trabalho árduo, ainda que fosse preciso fazer o que ninguém queria fazer; enfrentei empregos desafiadores, fui operador de telemarketing e até menor aprendiz em banco, organizando fila.

Eu sempre digo que ficar pequeno dá muito trabalho, e essa frase – que se tornou marcante para quem acompanha a minha trajetória – foi uma das grandes reflexões que me levaram a escrever este livro que você, agora, tem em mãos. Não quero ensiná-lo a gerenciar sua empresa ou trazer dicas de como enfrentar os desafios inerentes ao empreendedorismo. Não. Neste livro, você vai aprender que desenvolvimento pessoal tem muito mais a ver com aprender a desafiar as próprias capacidades do que com fazer cursos com a única intenção de incrementar currículos. O líder que sente um desejo insaciável de evoluir costuma se destacar como um farol inspirador para todos aqueles que o cercam, e isso faz a diferença no desempenho da empresa.

Além disso, vou ensinar como definir metas grandes e audaciosas – eu diria até verdadeiramente cabeludas – com um posicionamento estratégico e agressivo perante o mercado. Afinal, quem tem a intenção de expandir exponencialmente precisa estar preparado para desenvolver soluções extraordinárias para o mundo, e não apenas para um pequeno público.

Falaremos também sobre a importância de construir empresas das quais todos desejam fazer parte. Organizações com maior desenvolvimento são aquelas com latente poder de influência entre os colaboradores e que adotam uma gestão descentralizada, dando poder àqueles que nela atuam. Empresas desejáveis transcendem a mera busca por emprego e se tornam verdadeiros sonhos almejados por profissionais ambiciosos e talentosos – serão eles seu dream team.

Quem sonha grande, voa alto; e são as grandes metas que fazem seu negócio crescer. Em cada empreendimento bem-sucedido, há uma centelha de ambição, uma visão que vai além das fronteiras do comum. Acreditar no potencial ilimitado de suas aspirações é o primeiro passo para transformar o impossível em realidade. Mas não se engane: quem deseja voar alto e sonha com as alturas ainda não exploradas são as pessoas com uma mentalidade ousada, os dispostos a romper com a mediocridade e deixar para trás o terreno que parece seguro.

A verdade é que muitos de nós sonhamos em pairar entre as nuvens, deslizando suavemente pelos ventos, livres das amarras da gravidade. E essa é uma fantasia tão arraigada em nossa imaginação que transcende culturas e eras. No entanto, quando somos confrontados com a perspectiva de realmente ter asas para isso, uma realidade surpreendente se revela. A ideia de voar é, sem dúvida, sedutora. Imaginamos a sensação de liberdade absoluta, de ver o mundo de cima, de escapar das limitações terrenas. Contudo, a verdadeira coragem reside não apenas em desejar esse poder, mas em enfrentar os medos que vêm com ele.

Aqueles que almejam asas muitas vezes não consideram os desafios e perigos que acompanham o voo que elas permitem. E o céu, embora vasto e aparentemente infinito, é também um ambiente hostil e implacável. As correntes de ar podem ser traiçoeiras; as tempestades, ferozes; e os obstáculos, inesperados. Voar é um ato de confiança, tanto nas próprias asas quanto na capacidade de lidar com o desconhecido.

É por isso que, quando confrontados com a oportunidade real de ter asas, poucos se aventurariam a voar. O conforto da terra firme, embora limitante, oferece uma sensação de segurança que é difícil de abandonar. E, a partir desta leitura, você vai compreender que a ideia de encontrar estabilidade é justamente o que impede os crescimentos exponenciais. Enquanto as asas permitem que você alcance o céu, o motor de um foguete faz com que você se aproxime de todo o Universo.

Só que, para que seu foguete faça um bom voo e chegue ao destino com o qual você sonha, é preciso criar uma trajetória sólida e de execução consistente, o que requer aprender a reconhecer quais são seus pontos fortes e fracos. Quem reconhece as lacunas e os desafios é capaz não apenas de superar as dificuldades, mas também de transformá-las em oportunidades. Motivar equipes, estabelecer metas ambiciosas, implementar um planejamento estratégico abrangente e otimizar os processos são elementos-chave para reiniciar o motor desse foguete em pleno crescimento empresarial.

A partir de agora, você deixará para trás a mentalidade de quem pensa pequeno e passará a adotar a postura de um verdadeiro empresário com abordagens proativas, capaz de identificar as áreas que precisam de melhoria e de implementar as estratégias necessárias para voar alto.

Depois de anos atuando com algumas das maiores multinacionais, de me tornar conselheiro de grandes empresas e de prestar consultoria para tantas outras, resolvi que era a hora de contar minha história e ensinar a metodologia que desenvolvi para quem também tem sonhos ambiciosos. Metas exponenciais podem parecer desafiadoras, mas são elas que impulsionam a inovação e transformam empresas comuns em líderes de mercado. Todos podem fazer grandes coisas, mas apenas um louco pode conquistar coisas impossíveis.

E aí? Você é louco o suficiente para decolar como um foguete?

CAPÍTULO 1

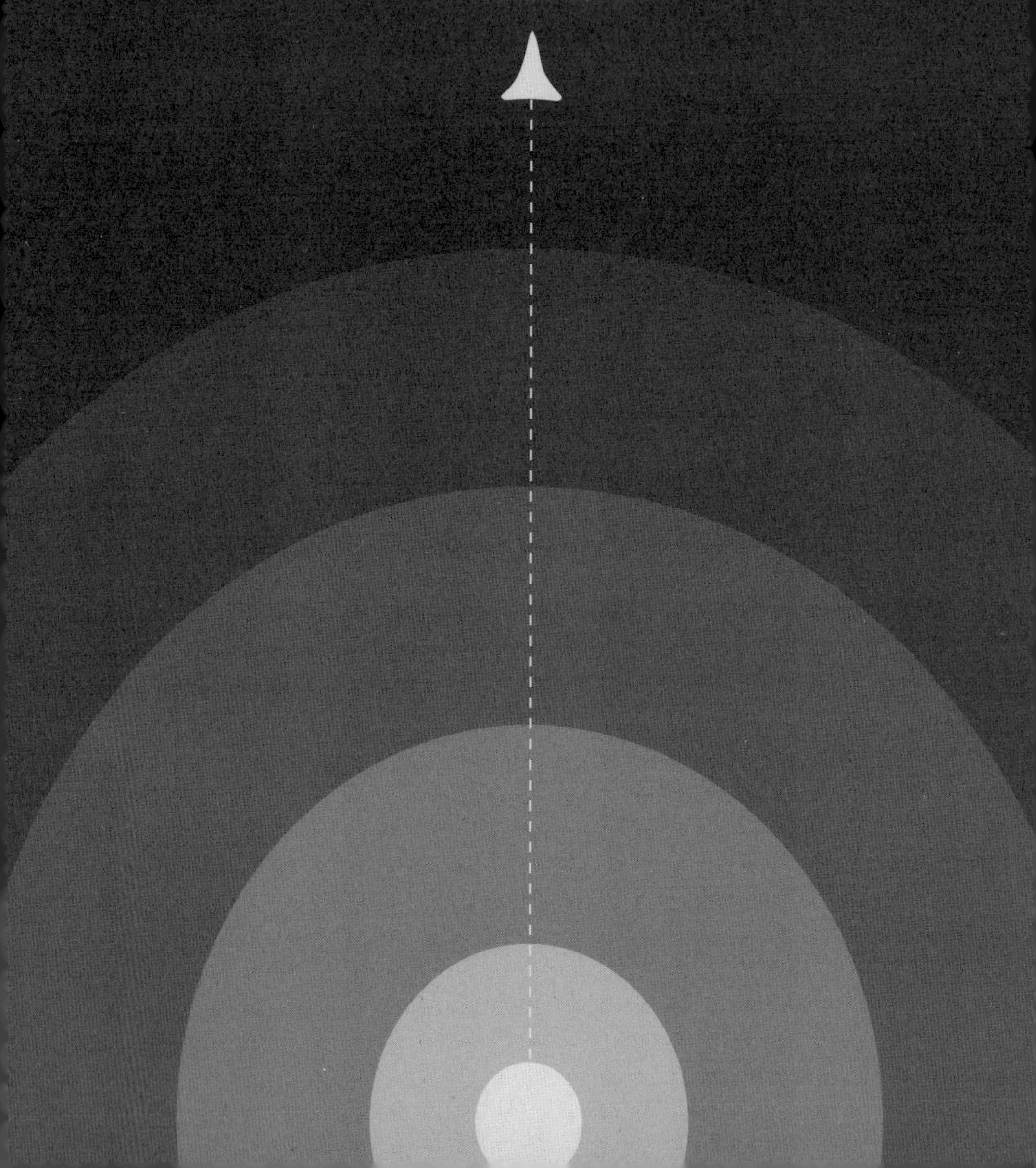

O DESAFIO DO CRESCIMENTO EMPRESARIAL

Se por um lado, para uns, o crescimento empresarial é um sonho; para outros, pode soar como sinônimo de grandes problemas. E é justamente pelo receio de enfrentar problemas que muitos acreditam que o objetivo de uma empresa deve ser encontrar a estabilidade e a zona de conforto, em um ambiente que favoreça um voo linear e sem tantas surpresas.

Talvez você seja do tipo que crê nisso; talvez, não, mas o fato é que muitos pensam que ter uma empresa pequena dá menos trabalho do que uma grande – será que isso é real? A verdade é que, no fundo, todo e qualquer empresário sofre pela falta de crescimento em sua atividade comercial – e eu vou explicar por que essa falta de crescimento impacta até mesmo aqueles que (acham que) não querem crescer.

Não é de hoje e não é de agora: empresas estão perdendo dinheiro e deixando oportunidades na mesa pela falta de crescimento em seus negócios – e mais do que isso, muitas vezes por não acreditarem que esse crescimento é necessário. No dia a dia, os esforços parecem em vão, os resultados não aparecem, as contas não fecham no fim do mês, as equipes não estão engajadas, não existe planejamento, os processos estão desorganizados, as metas não são grandes o suficiente, e o cenário é absolutamente desanimador.

O que acontece é que grande parte dos empresários parece deixar suas empresas criarem vida própria, seguindo sem rumo para diversos lados, sem planejar de maneira estratégica cada um desses movimentos. E talvez sua empresa até esteja caminhando, mas é possível que você esteja vivenciando uma falsa sensação de crescimento, já que não tem clareza sobre o caminho que está trilhando ou que deseja seguir. Sabe aquela famosa frase do Gato de Cheshire:[1] "Se você não sabe para onde ir, qualquer caminho serve"? No mundo dos negócios, não é bem assim; afinal, se você não sabe para onde deseja ir, o destino final é apenas um: o fracasso.

O problema se agrava ainda mais quando a falta de direção estratégica é mascarada por um sucesso aparente. Muitas vezes, empresários interpretam um aumento nas vendas ou na visibilidade da própria marca como um indicador de progresso sólido, enquanto, na realidade, estão com seus foguetes à deriva no céu, sujeitos aos caprichos do mercado e às circunstâncias externas. Essa falta de percepção pode resultar em decisões impulsivas ou até mal-informadas, que podem acabar minando os fundamentos do negócio a longo prazo.

Além disso, uma empresa sem uma estratégia clara está fadada a desperdiçar recursos preciosos! Recursos financeiros, humanos e temporais são limitados, e é fundamental saber como os utilizar de maneira inteligente e deliberada para maximizar o potencial de crescimento e sustentabilidade. Sem um plano estratégico sólido, é fácil cair na armadilha de investir em iniciativas que não estão alinhadas com os objetivos de longo prazo, resultando em desperdício de energia e capital.

Refletir sobre o futuro do próprio negócio é uma prática essencial a que todo empreendedor deveria se dedicar com frequência. Visualizar onde a empresa estará em um período determinado não

1. Personagem de *Alice no país das maravilhas*, livro de Lewis Carroll.

apenas permite antecipar desafios e oportunidades, mas também orienta a tomada de decisões no momento atual. Quando você imagina que pode atingir o Universo ou o impossível, fica muito mais fácil calcular a rota de seu foguete. E, acredite, essa trajetória não se fará sozinha.

É inevitável enfrentar desafios quando se pensa em expandir, mas todos os riscos e as possibilidades podem ser melhor calculados se você, de antemão, já tiver a certeza de que pretende dar passos grandes e alcançar metas audaciosas e supercabeludas – afinal, quem sonha voar alto sabe muito bem onde é preciso poupar energia e onde é preciso investir em melhores saltos. Quando você pensa assim, consegue identificar áreas de crescimento, aprimoramento e inovação, garantindo que seu negócio esteja preparado para enfrentar as mudanças do mercado e alcançar seus objetivos a longo prazo. Já parou para refletir sobre isso? Pense comigo: você sabe o que acontecerá com seu negócio daqui a cinco anos, por exemplo? Será que fechará as portas, permanecerá exatamente como está ou terá dobrado de tamanho? E daqui a cinquenta anos? Aposto que muitos não ousam pensar em um legado de tanto tempo.

Se você não tem essas respostas, saiba que não está sozinho. Para se ter uma ideia, segundo uma pesquisa[2] realizada pela consultoria Falconi, das cem empresas entrevistadas, apenas 10% declararam ter uma estratégia bem definida para os próximos três a cinco anos, e isso inclui: visão, missão, objetivos e metas definidas para o desenvolvimento do negócio. A pesquisa é verdadeiramente alarmante, já

---

2. SANTANA, P. Apenas 10% das médias empresas no Brasil têm planejamento de longo prazo, revela pesquisa. **Infomoney**, 5 set. 2020. Disponível em: https://www.infomoney.com.br/negocios/apenas-10-das-medias-empresas-no-brasil-tem-planejamento-de-longo-prazo-revela-pesquisa/. Acesso em: 14 mar. 2024.

que 10% representam uma proporção insignificante em relação ao total de empresas ativas e em funcionamento.

O que eu quero que você perceba a partir dessa pesquisa é que a falta de foco estratégico entre as empresas pode ter consequências profundas em sua capacidade de crescimento e de sustentabilidade a longo prazo. Afinal, uma estratégia bem definida não só orienta as ações diárias, mas também proporciona um roteiro claro para o futuro, ajudando as empresas a se manterem ágeis e adaptáveis em um ambiente cada vez mais competitivo e em constante mudança. Sem uma visão clara do caminho que você deseja e de quais passos são necessários para chegar lá, sua empresa corre o risco de perder o rumo e se dispersar em atividades que não contribuem para seus objetivos fundamentais.

No Brasil, hoje, existem aproximadamente 20,6 milhões[3] de empresas ativas, e mais de 286 mil empresas foram abertas apenas em 2022; no entanto, a taxa de fechamento de empresas nesse mesmo ano foi de mais de 128 mil. Se pensarmos naqueles 10% da pesquisa anterior e aplicarmos a esses quase 21 milhões, a quantidade de empresas destinadas a fechar portas é realmente assustadora, não? E eu tenho certeza de que você não quer que seu negócio faça parte dessa estatística.

Mas então, se o planejamento estratégico e a necessidade de visualizar o médio e o longo prazo não são novidade alguma para quem atua no mundo dos negócios e no empreendedorismo, por que não estamos todos olhando para o que é realmente importante? Há muito mais que o planejamento estratégico quando falamos de

3. BRASIL. **Painéis do mapa de empresas**. 6 jul. 2022. Disponível em: https://www.gov.br/empresas-e-negocios/pt-br/mapa-de-empresas/painel-mapa-de-empresas. Acesso em: 14 mar. 2024.

grandes empresas; é preciso saber ousar, e é sobre esse tipo de diferencial que falarei nas próximas páginas. Logo você perceberá que procurar estabilidade é um grande erro! Negócios precisam crescer, e é justamente por esse motivo que resolvi escrever este livro.

FALTA VISÃO DE FUTURO

Quando falo sobre expansão de negócios, percebo que um problema comum à maioria dos empresários – sejam eles pequenos, médios ou grandes – é a falta de visão de futuro. E não pense que eu não passei por isso na pele antes de fazer essa afirmação. Durante os últimos vinte anos, atuei como executivo em algumas multinacionais, principalmente na Samsung.

Ao longo desse período, enfrentei o desafio constante de equilibrar a visão da empresa – que enfatizava fazer mais com menos – e as demandas operacionais reais. Esse equilíbrio exigia habilidades distintas: de um lado, minha capacidade de argumentar numericamente a respeito da necessidade de recursos extras, pessoas adicionais e processos mais eficientes; do outro, minha habilidade política para obter apoio e recursos para alcançar as metas estabelecidas.

Só que, ao mesmo tempo que eu era executivo na Samsung, levava uma carreira dupla com meus próprios empreendimentos, desde os primeiros anos de atividade como executivo. Sempre tive negócios fora da empresa, e minha política era: preciso ser um bom intraempreendedor, mas também um bom empreendedor – acredito que as duas coisas andam lado a lado, e falaremos mais sobre isso ao longo do livro. Na prática, mantive um pé em cada barco e, para que as coisas funcionassem bem em meus empreendimentos enquanto eu estivesse na Samsung, era fundamental ter um sócio em quem confiasse, além de um líder e um gestor. Simultaneamente, não deixava de ser um bom executivo, tanto que cheguei a receber o prêmio de melhor colaborador da América Latina da Samsung, concorrendo com outras 14 mil pessoas.

Atuar nas duas posições me possibilitava aprender muito: o que eu aprendia como empreendedor, eu levava para a Samsung, e o que eu aprendia como intraempreendedor – especialmente em uma multinacional com projetos audaciosos – eu adaptava para os meus negócios. O que eu não sabia na época era que alguns pontos ainda estavam fora do meu campo de visão, e que os sutis sinais que eu ignorava me custariam muito lá na frente.

Sabe a frase que rege a bandeira brasileira? Eu levava o conceito de "ordem e progresso" bem a sério, mas confesso que priorizava o progresso antes da ordem, e acreditava que era possível agir primeiro e corrigir o processo depois. Sim, eu sabia que a empresa precisava melhorar processos, mas minha inclinação era sempre privilegiar o progresso, como se eu dissesse: "Vamos avançando e ajustamos o rumo depois". Claro, isso sem jamais entregar um produto ou serviço de baixa qualidade ao cliente. E ainda acredito nessa afirmação! Mas a chave é avançar (progresso) e, paralelamente, ter ordem (a possível no momento), pois *growth* (crescimento) é diferente de progresso. Progresso é crescimento em uma direção certa e consistente. E o sucesso só vem do progresso.

Só que os problemas acabavam se acumulando, e o que muitos empreendedores sentem quando estão começando, eu sentia também: não conseguia atrair talentos profissionais porque não tinha dinheiro para contratá-los e acreditava que não deveria conseguir investimentos e créditos enquanto não provasse que o negócio era bom. Sem caixa, assim como a maioria dos recém-empresários, eu pensava que a resposta estava em vender mais, em fazer mais dinheiro. E já posso adiantar: eu estava completamente errado.

Deixei de ganhar milhares de reais porque, em vez de olhar para meu modelo de negócios, eu insistia em péssimos modelos preestabelecidos, com margens completamente equivocadas, estruturação errada e foco em produtos e serviços inadequados. Hoje vejo que a falta de visão foi o maior erro do início da minha carreira. E se hoje eu pudesse encontrar minha versão do passado, eu diria: "Meu amigo, pare tudo e vamos enxergar o todo. Qual é a melhor forma de você vender o que está vendendo? Onde você está mirando? É preciso mirar antes de atirar, e mais: com a bala certa". Nesse caso, não me refiro a fazer um grande plano de negócios e perder agilidade. Muito pelo contrário. A ideia é pensar além de um plano, compreendendo qual é o modelo de negócios adequado – aquele que o ajudará a ter a visão correta.

Quem dera esse erro tivesse sido apenas meu! Infelizmente, essa é a realidade de grande parte das empresas brasileiras. Em 2021,[4] 60% das companhias brasileiras não atingiram suas metas de vendas; e embora 94% dos profissionais da área de vendas concordem que os resultados dependem de um processo bem-estruturado, apenas 31% das companhias disseram ter um plano previsível, escalável e sustentável.

Essa falta de visão é generalizada: tanto para as empresas quanto para seus representantes internos, como líderes, gestores e gerentes

4. 60% das empresas brasileiras não batem meta de vendas para 2022. **Correio Braziliense**, 5 set. 2022. Disponível em: https://www.correiobraziliense.com.br/economia/2022/09/5034470-60-das-empresas-brasileiras-nao-batem-meta-de-vendas-para-2022.html#google_vignette. Acesso em: 14 mar. 2023.

– o que faz com que isso se replique para todo o corpo de colaboradores. Quando falo sobre o problema de não ter visão, refiro-me justamente sobre não saber para onde se está indo ou com qual intensidade se deseja chegar lá.

Se você quer abrir um restaurante, precisa, de imediato, pensar no tamanho dele. Deve se perguntar: será um restaurante familiar ou terá outro foco? Qual será a profundidade do negócio ou o modelo de serviço? Por exemplo, servirá somente refeições ou também oferecerá comidas congeladas para venda em supermercados?

Um exemplo prático disso foi quando abri as lojas da Samsung no país. Desde o início, eu tinha uma visão clara do tamanho que queríamos alcançar: ser a maior rede de varejo de tecnologia do mundo, superando até mesmo as lojas da Apple. Essa visão de longo prazo orientou meus passos iniciais, mas também os subsequentes. Para atingir esse objetivo, desenvolvi um modelo de negócios focado em velocidade e eficiência, e optamos por estabelecer lojas menores através de parcerias comerciais com *players* de varejo no Brasil, tornando-as mais acessíveis e sem a necessidade de carregar grandes estoques. Essa abordagem estratégica foi o diferencial para nosso sucesso e nos permitiu avançar rapidamente em direção à nossa meta audaciosa e supercabeluda.

Em minhas consultorias, vejo que o erro mais comum entre os empreendedores é começar com uma visão limitada, contentando-se com a ideia de gerenciar apenas um estabelecimento, por exemplo. É essa mentalidade que prejudica qualquer negócio e pode ser fatal. Sem crescimento, uma empresa está fadada a perder terreno para os concorrentes. Se uma loja não se desenvolve e fica estagnada, os concorrentes se expandem, ganham mercado e se aproveitam de vantagens significativas, como a economia de escala. Quem é maior pode comprar produtos em maior volume, atrair talentos mais qualificados e obter apoio financeiro de instituições bancárias com mais facilidade.

Eu já vi centenas de negócios fecharem as portas porque não cresceram, não inovaram e preferiram continuar como sempre foram. Uma coisa é perpetuar a história e a essência – e há meios de desenvolver isso com qualidade –, outra completamente diferente é parar no tempo e não se permitir evoluir. Quem não cresce perde relevância e, consequentemente, encerra as atividades. Por isso defendo que você pode até começar com um negócio pequeno, mas não consegue continuar sem desenvolver visão de crescimento e evolução.

Falta de visão não apenas limita sua capacidade de atrair recursos e talentos, mas também dificulta a padronização e a otimização dos processos. Quando você estabelece uma grande meta desde o início, deixa de focar somente em resolver questões imediatas de caixa ou de recursos humanos e começa a preparar o terreno para um crescimento sustentável. Além disso, quando você tem um negócio que opera em múltiplas localidades, consegue extrair insights valiosos sobre as nuances regionais e as preferências do mercado em que atua – o que lhe permite adaptar sua trajetória de uma maneira muito mais eficiente. Conhecimento acumulado é o que torna você mais resiliente às investidas de seus concorrentes e traz vantagem para posicionar sua empresa como uma verdadeira líder de mercado.

A ESTABILIDADE É UMA DOENÇA

Se há algo em que eu acredito, é no fato de o conceito de estabilidade – principalmente em negócios, mas não só neles – ser uma doença fatal. A estabilidade é uma mentira e pode criar uma falsa sensação de segurança. Afinal, estamos sempre sujeitos a mudanças e imprevistos e, se não nos esforçamos para utilizar esse incômodo a nosso favor e para nossa evolução, corremos o risco de permanecer estagnados.

Quando uma empresa se acomoda em sua zona de conforto, pode ser ultrapassada por concorrentes mais ágeis e adaptáveis. A realidade é que o mundo dos negócios está em constante evolução e é diariamente impulsionado por avanços tecnológicos, por mudanças nas preferências de seus consumidores ou por concorrentes ou empresas inovadoras que surgem para mudar todo o mercado de atuação.

Por isso digo que, nesse cenário tão dinâmico, a estabilidade pode ser um beco sem saída que impede suas possibilidades de crescimento e de sobrevivência a longo prazo. No fim das contas, as empresas bem-sucedidas são aquelas que entendem que a adaptação e a inovação contínuas são essenciais para se manterem relevantes e competitivas no mercado. São aquelas que abraçam as mudanças, enxergando-as como grandes oportunidades para se reinventarem e prosperarem, em vez de temê-las como uma ameaça a essa estabilidade que tanto procuram.

A Blockbuster foi um exemplo típico de como a confiança excessiva em um modelo de negócios pode levar à estagnação e à falência. A empresa que baseava todo o seu funcionamento nos aluguéis de vídeos físicos não contemplou o avanço tecnológico que rapidamente caminhava em direção ao modelo de streaming. Por não antecipar essa mudança de mercado nem se propor à adaptação a partir dela, ficou obsoleta e fechou as portas.

O desfecho poderia ter sido completamente diferente se a visão de futuro estivesse mais clara. Tenho certeza de que todos nós –

“EMPRESAS BEM-SUCEDIDAS SÃO AQUELAS QUE ENTENDEM QUE A ADAPTAÇÃO E A INOVAÇÃO CONTÍNUAS SÃO ESSENCIAIS PARA SE MANTEREM RELEVANTES E COMPETITIVAS NO MERCADO.

AS 7 INTELIGÊNCIAS DA EXPANSÃO DE NEGÓCIOS
@DEMAOLIVEIRAOFICIAL

assíduos clientes que mesmo em sextas-feiras chuvosas saíamos de casa em busca de um novo filme para assistir – teríamos migrado para as plataformas on-line sem hesitar. Imagine chegar em uma loja da Blockbuster e, no caixa, encontrar uma placa como: "E se você pudesse assistir a todos os filmes de nossa loja sem sair de casa?". Não sei você, mas eu teria assinado na hora. A oportunidade estava bem ali e foi ignorada.

Todo ser humano é um pouco resistente a mudanças, e a Netflix surgiu com a inovação, mas precisou primeiro convencer as pessoas de que a novidade era interessante, para só depois conquistá-las como clientes. Por sua vez, a Blockbuster já tinha essa cartela de clientes fiéis e poderia ter dado um salto gigante de evolução empresarial se estivesse atenta. Em vez disso, não investiu em caixa nem procurou atrair mentes inovadoras que pudessem desenvolver algo novo, antes da concorrente, como a tecnologia de streaming.

Um fato curioso é que a Netflix quase caiu no mesmo buraco, pois começou oferecendo locação de DVDs, que eram enviados à casa dos clientes por correspondência. Investiu em um modelo em que, por um valor mensal, o assinante tinha acesso aos filmes sem data fixa para devolvê-los. Após algum tempo, as perdas desse negócio totalizavam 57 milhões de dólares, e a Blockbuster teve a oportunidade de comprar a empresa, mas não aceitou. Diante desse cenário e das mudanças tecnológicas da época, a Netflix conseguiu se adaptar e migrar para o streaming.

Enquanto a Netflix elaborava um plano de expansão, a Blockbuster acreditava que tinha um negócio estável e não precisava se preocupar. O excesso de autoconfiança e a falta de visão para entender os movimentos das concorrentes e da evolução tecnológica levaram à sua rápida queda.

Outro exemplo clássico de uma empresa que também faliu por falta de visão e por confiar em sua estabilidade foi a BlackBerry – que, inclusive, teve sua história retratada recentemente em um filme[5] interessante. Um dos principais problemas da BlackBerry também foi a incapacidade de se adaptar diante de novas tecnologias e do surgimento de concorrentes como o iPhone. Embora a BlackBerry tenha sido rápida em introduzir um novo comportamento com seus dispositivos, como o uso de teclado físico em smartphones, falhou em acompanhar a evolução das preferências dos consumidores – que passaram a se interessar por um aparelho mais inovador. Assim, ficou presa a uma visão limitada de seu modelo de negócios e não conseguiu se ajustar.

O que quero que você perceba com base nesses dois exemplos é que, muitas vezes, as empresas enfrentam os mesmos problemas, principalmente quando escolhem a estabilidade, e não as mudanças e a inovação. E é complexo, porque decidir sair do comodismo não é o natural para o instinto humano. Todos nós buscamos conforto e vamos sempre preferir relaxar em uma cama a nos exercitar em uma academia – lutar contra esse conforto é o primeiro passo para aprender a mudar. Quando pensamos em evoluir e alçar grandes voos, é impossível fazer isso sem encontrar essa dose extra de energia para sair da zona de conforto.

Se você observar as histórias de grandes empresários, muitos dos quais emergiram de períodos de grande adversidade econômica ou pós-guerra, verá que todos tinham algo em comum: não aceitavam a condição em que viviam e ansiavam por mais. Inclusive, grandes conglomerados surgiram após superar desafios monumentais.

---

5. BLACKBERRY. Direção: Matt Johnson. Produção: Niv Fichman. Local: Diamond Films, 2023, streaming.

A própria NASA só floresceu durante a corrida espacial da Guerra Fria, um período de intenso desconforto e muita competição para ver quem seria o primeiro a chegar à Lua. Pense nisto: a sensação de desconforto pode, na verdade, ser sua grande aliada. Afinal, é desse estado de estresse e dessa pressão interna que nascem as grandes conquistas e inovações.

Escaneie o QR Code para ter acesso a conteúdos ricos, complementares ao material deste livro.

AS 5 DORES DA EXPANSÃO E O CAMINHO DO EMPRESÁRIO

Por falar em estresse e pressão, é bem provável que você tenha escolhido ler este livro justamente por estar se sentindo assim agora. Se você acredita que seu produto ou serviço é bom, por que, então, seu negócio parece estagnado? Tenho certeza de que essa dúvida aumenta suas preocupações diariamente. E isso acontece com empresários de todos os tipos.

É importante dizer que, quando falamos sobre expansão de negócios, existem empresários e empreendedores de todos os tamanhos: os pequenos, os médios, os grandes e os *starters*, que ainda estão experimentando o funcionamento de suas ideias na prática. Ainda assim, para todos eles, as dores da expansão costumam ser bem semelhantes.

No caso de um empresário comum, a **primeira dor** costuma ser a dificuldade de atrair talentos. Muitas vezes, essas queixas se resumem a questões como a falta de mão de obra qualificada, a insuficiência de receita para contratar novos funcionários ou a incapacidade de manter os profissionais devido a questões culturais na empresa. Portanto, a primeira dor tende a ser relacionada às pessoas – seja pela dificuldade em pagar salários competitivos, pela escassez de talentos no mercado ou pela incompatibilidade entre a cultura da empresa e a expectativa dos profissionais.

Já a **segunda dor** comum a muitos empreendedores e empresários é a falta de processos estruturados. Muitos empresários reclamam da falta de organização em áreas como vendas, marketing e gestão de pessoas, o que cria obstáculos para o crescimento sustentável de qualquer negócio. Além disso, a ausência de processos estruturados pode se estender a outras áreas vitais da empresa, como o desenvolvimento de produtos e serviços, o atendimento ao cliente e até mesmo a gestão financeira. Sem processos bem-definidos e eficientes, os empresários enfrentam dificuldades em manter a consistência na entrega (seja ela de produtos ou serviços), o que pode afetar a satisfação do cliente e minar a reputação da empresa no mercado. Da mesma forma, a falta de processos claros de atendimento ao cliente pode resultar em experiências negativas para os consumidores, levando à perda de clientes e tornando mais desafiadora a conquista ou a fidelidade dos novos e dos atuais. Ainda, a gestão financeira desorganizada pode acarretar problemas de fluxo de caixa, dificultando o investimento em novas oportunidades de crescimento e aumentando o risco de recuperação judicial ou falência. Assim, a ausência de processos estruturados tanto prejudica a eficiência operacional quanto compromete a capacidade da empresa de competir no mercado e de sustentar um crescimento saudável a longo prazo.

Por sua vez, a **terceira dor** mais comum dos empresários está relacionada ao desempenho das vendas. Muitos enfrentam dificuldades em construir e otimizar seus funis de vendas e acabam tornando-se excessivamente dependentes de canais de terceiros, como Google, redes sociais ou demais canais revendedores. A competição feroz e a rápida evolução das preferências do consumidor, conforme mencionamos no capítulo anterior, exigem que os empresários não apenas identifiquem esses canais de vendas mais eficazes, mas também desenvolvam abordagens inovadoras para alcançar e envolver seu público-alvo. É comum acreditar que "vender mais" é a única solução para todos os problemas que uma empresa enfrenta; com este livro, você verá que não é bem assim, mas falaremos sobre isso mais adiante.

A **quarta dor** é a constante sensação de estar preso no operacional do dia a dia, resultando em falta de tempo para criar e estabelecer estratégias para o crescimento da empresa. Isso acaba por influenciar diretamente todas as dores anteriores, além de contribuir para a estagnação e a incapacidade de implementar melhorias nos processos, contratação de pessoal ou investimentos. O empresário que fica preso no operacional se sente sem energia para pensar na expansão porque está constantemente apagando incêndios e lidando com questões operacionais "urgentes" que, na verdade, deveriam ser delegadas a outros gestores.

Por fim, a **quinta dor** – e talvez a maior delas – é a falta de recursos financeiros para expandir. É fato que, sem recursos, não se consegue pensar em expansão; por outro lado, para se considerar expandir é preciso saber como aproveitar melhor o próprio fluxo de caixa ou como captar investimento sem comprometer o futuro da empresa, e essa tarefa não é tão simples. Muitos empresários se sentem limitados pela falta de acesso a crédito, pelo baixo fluxo de caixa ou pelas margens de lucro insuficientes para financiar o crescimento da empresa, seja através de expansão das operações, aquisição de equipamentos ou contratação de talentos adicionais.

Talvez você esteja se perguntando: "Se as dores de expansão são comuns a tantos empresários, por que não são mais fáceis de se resolver?". E eu respondo: porque a maioria dos empreendedores ainda acredita que o *feeling* ou a intuição é mais forte do que uma estratégia bem-definida. O que você precisa compreender a partir de agora é que a **estratégia é uma ciência.**

Desenvolver estratégia empresarial é uma disciplina complexa que combina análise, planejamento e execução para alcançar metas audaciosas (e supercabeludas!) e objetivos de longo prazo. É necessário começar por uma análise profunda do ambiente interno, mas também do que está no externo e que afeta seu negócio. Isso inclui avaliar os recursos disponíveis, como o capital, a tecnologia e o talento humano, bem como entender o ambiente externo, como o mercado, a concorrência e as tendências macroeconômicas. Essa avaliação deve ser conduzida por meio de ferramentas e técnicas específicas – como a famosa análise SWOT, sobre a qual falaremos mais adiante –, análise do ambiente competitivo e análise do ciclo de vida do produto ou do serviço, entre outros pontos. Uma abordagem baseada em dados e fatos permite que os gestores tomem decisões informadas e fundamentadas em evidências – e não em "achismos" ou intuições.

Um ponto que sempre costumo ressaltar em relação a isso é que o empresário precisa fugir das "histórias maravilhosas" e de achar que se tornará uma delas do dia para a noite. A internet está repleta de empreendedores que deram sorte e que, por exemplo, lançaram um sorvete diferente que rendeu filas e filas de público. Mas é importante lembrar que esse pico de sucesso não necessariamente quer dizer que a empresa se perpetuará por muitos anos; pode apenas ter dado certo por uma moda passageira, como as paletas mexicanas e o iogurte congelado.

Isso também vale para os casos de gênios que deixaram uma marca histórica na humanidade, como Steve Jobs (Apple) e Bill Gates (Microsoft). Já perdi a conta de quantas vezes ouvi alguns jovens dizendo por aí que não era preciso estudar e que se tornariam empresários, afinal de contas, muitos gênios largaram os estudos para se dedicar às suas ideias mirabolantes. Esse perfil de empreendedor representa menos de 0,1% da população, e pensar em arriscar todo o futuro de sua empresa nesse tipo de aposta é pedir para encontrar o fracasso.

O empresário que não sabe fazer uma boa estratégia tem grandes chances de **gastar muito tempo no caminho errado** e com os recursos errados. O propósito deste livro é justamente ajudar você a construir estratégias mais coerentes e matadoras para decolar como um foguete e crescer exponencialmente.

AS 4 PERGUNTAS-CHAVE DO EMPRESÁRIO DE SUCESSO

Como se define uma jornada estratégica de sucesso? Antes de começar a desenvolver e aplicar as melhores estratégias – que você aprenderá com as ferramentas que apresentarei no método **7 Es – As 7 inteligências da expansão de negócios**, a partir do capítulo 5 –, é preciso compreender se seu negócio tem potencial para crescer exponencialmente. Então, desenvolvi **4 perguntas-chave do empresário de sucesso** para ajudar você a compreender toda a sua capacidade.

Para isso, quero trazer um exemplo pessoal a partir da história da minha esposa. A Kelly é pediatra e, assim como a maioria dos médicos recém-formados, iniciou sua carreira atuando em plantões. Ela enfrentava todas as dificuldades de quem investe longas horas de trabalho e sem receber o retorno adequado por isso, até que resolveu abrir o próprio consultório. Percebendo seu potencial e sua paixão pela área, decidimos dar um passo além; mas, em vez de partir diretamente para a abertura de uma grande clínica, optamos por um caminho mais gradual, alugando salas para estruturar uma clínica de pediatria geral.

Um dia, enquanto eu estava cortando o cabelo com uma cabeleireira que já me atendia havia algum tempo, notei que os preços tinham subido consideravelmente e resolvi perguntar o motivo. Ela estava grávida do segundo filho e, assim, logo passei a considerá-la uma possível nova paciente para a clínica. Disse-lhe que minha esposa era uma excelente pediatra e perguntei se ela não teria interesse em passar a levar os filhos para se consultarem com a Kelly. A profissional agradeceu, mas disse que precisaria recusar porque tinha um problema de aleitamento e, por isso, era acompanhada por uma médica especialista em amamentação, que era a única em São Paulo, e cobrava uma fortuna por consulta – daí a necessidade dela de aumentar os preços. Eu quis saber mais e, quando ela me contou que a fila de espera da especialista passava de dois meses, logo vi uma grande oportunidade.

Essa conversa foi o estopim para uma nova direção na carreira da Kelly. Percebi que a especialização em amamentação poderia ser uma oportunidade única para minha esposa, já que eu sabia que ela tinha bastante interesse no tema. Já em casa, conversamos sobre o assunto, e vi que realmente existia um potencial enorme nessa ideia porque:

1. ela amava o que fazia,
2. era uma excelente profissional na área,
3. e havia pessoas dispostas a pagarem bem por essa especialização.

Só faltava um detalhe:

4. ela precisava ser a melhor do mundo naquilo.

Ao pesquisarmos sobre os principais especialistas do mundo em aleitamento materno, descobrimos o Dr. Jack Newman, fundador do International Breastfeeding Centre, em Toronto, e autor do livro definitivo em amamentação *Dr. Jack Newman's Guide to Breastfeeding*[6] [Guia de amamentação do Dr. Jack Newman]. Sugeri que a Kelly mandasse uma mensagem para ele, oferecendo-se para trabalhar sem remuneração, mas em troca de conhecimento e experiência; para nossa surpresa, não demorou muito, e ele aceitou. Para ser a melhor do mundo, ela precisava aprender com o melhor. E, assim, foi para Toronto trabalhar com o renomado especialista e absorveu todo o conhecimento possível. Ao retornar ao Brasil, ela se tornou uma referência mundial em amamentação, escreveu seus próprios livros sobre o tema e chegou a ministrar diversos cursos.

A clínica expandiu significativamente, e chegamos a contar com mais de cinquenta profissionais da área da saúde, entre médicos pediatras e afins. Com o tempo, a demanda pela especialização diminuiu devido ao aumento da oferta de serviços similares e, em determinado momento, decidimos vender o negócio, mas o sucesso alcançado foi resultado de uma abordagem gradual e estratégica, focada em identificar oportunidades de mercado e aproveitar as habilidades únicas da minha esposa – que hoje migrou para o campo do autismo, aproveitando sua experiência e credibilidade para continuar crescendo.

Com base nisso, quais são as quatro perguntas-chave que você precisa fazer a si mesmo para descobrir todo o seu potencial?

1. O que você gosta de fazer?

---

6. IBC. Disponível em: https://ibconline.ca/. Acesso em: 14 mar. 2024.

2. No que você é bom?

3. O quanto as pessoas estão dispostas a pagar por isso em que você é bom?

4. No que você pode ser o melhor do mundo?

Quando você reflete sobre esses pontos, começa a desenhar um modelo mental que não só auxilia a evitar frustrações no futuro, mas também serve como orientação para qualquer empresário que queira definir quais áreas de atuação têm mais chances de sucesso. E esse modelo mental deve vir antes de qualquer estratégia ou implementação de modelo de negócios. Antes de embarcar em qualquer empreendimento ou de investir recursos em uma nova iniciativa, é essencial fazer essa profunda reflexão – mesmo que você já seja um empresário em atuação. Quer um exemplo? Uma vez, tomei um café em Orlando, nos Estados Unidos, com um empresário que possui muitos negócios e diversos empreendimentos. Ainda assim, ele queria minha opinião sobre um novo negócio no qual estava pensando em investir.

Para saber se ele deveria apostar no novo empreendimento, fiz exatamente estas perguntas a ele: você tem afinidade pessoal com essa área de atuação? Tem condições de ser bom no que pretende se propor a fazer? As pessoas querem mesmo pagar por isso? Você pode ser o melhor do mundo fazendo essa atividade? Se a resposta para todas as perguntas for sim, então siga em frente. Warren Buffet, um dos investidores mais renomados do mundo, leva parte dessa regra bem a sério: ele investe apenas no que acredita e naquilo de que gosta. Se ele escolhe investir em uma empresa, é porque vê valor nela e crê em seu potencial.[7] Ainda assim, também é prudente. Por exemplo, embora seja apaixonado por futebol americano, ele reconhece que esse não é um setor que oferece os retornos de que gostaria. Portanto, por mais que ele aprecie o esporte, não investe, porque entende que as pessoas não estão dispostas a pagar o suficiente.

Quanto a "ser o melhor do mundo", compreendo que isso pode ser relativo e variar de acordo com a perspectiva de cada um, mas quem busca voos audaciosos e pretende crescer exponencialmente precisa encarar esse objetivo desde o início. E sempre defendo uma abordagem audaciosa porque acredito que é algo verdadeiramente alcançável. Parece impossível ser a melhor pizzaria do mundo quando se está começando com uma loja em Recife? Em um ano ou em um curto período, pode até ser, mas em dez anos tudo é possível! Um exemplo nacional disso é o Colline de France, em Gramado, considerado o melhor hotel do mundo.[8] O proprietário sempre foi apaixonado pela hotelaria e decidiu se destacar no setor. Hoje, com mais de quinhentas avaliações no TripAdvisor e uma classificação perfeita de cinco estrelas, ele alcançou seu objetivo, mesmo estando em uma pequena cidade brasileira como Gramado.

Todos esses exemplos ilustram a importância de definir um modelo mental a partir das **4 perguntas-chave do empresário de**

7. LEVASIER, L. As melhores frases de Warren Buffet sobre investimentos. **Estadão**, 10 dez. 2022. Disponível em: https://einvestidor.estadao.com.br/comportamento/warren-buffet-frases-investimentos/. Acesso em: 14 mar. 2024.

8. HOTEL em Gramado é eleito o terceiro melhor do mundo, segundo avaliação de viajantes. **CNN**, 25 maio 2023. Disponível em https://www.cnnbrasil.com.br/viagemegastronomia/hoteis/hotel-em-gramado-e-eleito-o-terceiro-melhor-do-mundo-segundo-avaliacao-de-viajantes/#:~:text=No%20ano%20passado%2C%20a%20propriedade,%2C%20segundo%20o%20Travellers'%20Choice. Acesso em: 14 mar. 2024.

sucesso. Quando você não tem medo de se desafiar e sabe aproveitar o desconforto a seu favor, consegue alcançar a excelência no que faz.

SEU BUSINESS DE SUCESSO

Agora que você já sabe que negócios com potenciais reais para se tornarem verdadeiramente grandes precisam surgir a partir das quatro perguntas anteriores, tem de compreender também que nada disso importa se outro grande pilar não estiver bem definido: **o propósito.**

O propósito de uma empresa deve refletir sua missão e seus valores, e mais do que isso: deve ser algo inspirador. O que você faz causa impacto no mundo e promove transformação na sociedade? O propósito é a essência que impulsiona todas as atividades e decisões de uma empresa, representando tanto o que ela faz quanto o porquê faz. Quando você tem um propósito inspirador, não apenas motiva seus parceiros e colaboradores a se dedicarem ao trabalho com paixão e comprometimento, mas também atrai e cativa clientes fiéis, porque cria uma conexão emocional com a marca.

Aquilo que você é, aquilo no que você pode impactar o mundo e aquilo no que você consegue trazer transformação significativa para a sociedade por meio dos seus produtos e serviços oferecidos é, para mim, a essência de um propósito perfeito. Agora, vamos para a aplicação prática desse conceito? Quando se trata de construir um negócio, uma frase bíblica da qual gosto muito é: "Tudo quanto te vier à mão para fazer, faze-o conforme as tuas forças"

(Eclesiastes 9:10).[9] E essa filosofia implica realizar todas as tarefas com a máxima qualidade.

A Goshen Land – Consultoria em Expansão de Negócios, empresa da qual sou fundador e CEO, tem esse propósito muito claro: desejamos que as pessoas conheçam nosso trabalho pela qualidade excepcional de nossa consultoria. Em um cenário onde reclamações sobre consultorias são comuns e muito se fala sobre aqueles que não sabem se colocar no lugar de seus clientes, nossa missão é nos destacarmos pela excelência na entrega de produtos e serviços. Esse propósito não apenas é uma expressão daquilo em que acreditamos, mas também reflete as expectativas de nossos clientes. A Goshen Land tem muito do que eu sou, e é isso que busco mostrar aos meus clientes, porque acredito que eles também precisam estar presentes no que fazem.

Se você não enxerga um pouco de si no propósito de sua empresa, provavelmente esse propósito não é sólido o suficiente para que você alcance os altos voos que queremos alcançar a partir deste livro. Vale lembrar que, além de refletir seus ideais, seu propósito deve focar a necessidade do cliente; do contrário, ele não ajuda ninguém.

Em um mercado cada vez mais disputado, onde a concorrência é acirrada e as mudanças – como já falamos – são constantes, um **business de sucesso** só existe se procurar ir muito além da entrega de produtos ou serviços de excelência. É preciso algo mais profundo, que conecte todas as pessoas envolvidas, sejam elas clientes ou colaboradores. Essa essência capaz de desenvolver tal elo é justamente o propósito. Um propósito sólido funciona como uma bússola que guia todas as decisões e ações de uma empresa. É a razão pela qual ela existe, para além da vontade de gerar lucro.

---

9. BÍBLIA SAGRADA ONLINE. Disponível em: https://www.bibliaonline.com.br/acf/ec/9/10. Acesso em: 14 mar. 2024.

E se você não acredita ainda, trago aqui alguns dados para convencê-lo a rever seu propósito o quanto antes. Na pesquisa Global Marketing Trends,[10] feita pela Delloite em 2022, a falta de propósito foi apontada como uma das grandes causas para que as empresas não cresçam; afinal, sem saber o grande porquê, fica muito difícil envolver um time no processo de crescimento. Também de acordo com a pesquisa, as marcas de alto crescimento – aquelas que tiveram 10% ou mais de crescimento anual – foram aquelas capazes de traduzir seus propósitos em ações práticas, de maneira a se destacarem de seus concorrentes. A pesquisa indica ainda que as marcas de alto crescimento apresentam 66% mais chances de enxergar o propósito como orientação para a tomada de decisão dos funcionários.

Em outras palavras, quando seus colaboradores têm clareza sobre a essência da empresa, sabem como tomar melhores decisões a partir desse propósito sólido. E é por isso que, além de definir um propósito, é preciso saber como propagá-lo em sua cultura empresarial.

Escaneie o QR Code para ter acesso a conteúdos ricos, complementares ao material deste livro.

10. PESQUISA revela que propósito claro é essencial para crescimento de empresa. **Folha Vitória**, 13 maio 2022. Disponível em: https://www.folhavitoria.com.br/geral/noticia/05/2022/pesquisa-revela-que-proposito-claro-e-essencial-para-crescimento-de-empresa. Acesso em: 14 mar. 2024.

3

PROPÓSITO E PROPAGAÇÃO NA CULTURA EMPRESARIAL

Bem, depois do capítulo anterior, você já deve ter entendido a importância de ter clareza sobre o propósito de seu negócio, certo? E se eu disser que essa é uma das tarefas mais difíceis de se definir? Explico: hoje em dia, qualquer faculdade de Administração ou até mesmo um curso livre para empreendedores vai dizer que, antes de começar qualquer negócio, você precisa definir sua missão, sua visão, seus valores e seu propósito. E, no papel, isso é muito bonito e organizado, mas na vida real não é tão simples assim. Sabe por quê? Porque a verdade é que **o propósito das empresas vai mudando conforme as temporadas em que elas estão.**

Imagine o seguinte cenário: um amigo – vamos chamá-lo de João – convida você para almoçar na casa dele para comer uma *paella* maravilhosa que ele costuma fazer. Você vai e, depois de provar, tem certeza de que João deveria abrir um restaurante e, então, começa a incentivá-lo. Ele fica lisonjeado, mas recusa e diz que trabalha em outra área e não pretende cozinhar para fora de casa. Algum tempo depois, você tem um evento familiar e está sem tempo para cozinhar, mas sabe que sua família adora *paella*; por isso, decide ligar para João e convidá-lo a preparar o prato excepcionalmente para essa ocasião. Como você já esperava, seus familiares adoram a comida e começam a pedir o contato do cozinheiro para que o prato seja servido em outros eventos. Então, João finalmente começa a acreditar no potencial do prato e no que gosta de fazer; logo percebe que os pedidos aumentam exponencialmente e que é preciso ampliar a capacidade de entrega. Para isso, decide contratar uma cozinheira, mas faz questão de preparar o prato com ela algumas vezes até se certificar de que a profissional aprendeu a replicar a receita exatamente como ele faz. Afinal, se o sabor não for o mesmo, as pessoas não ficarão tão felizes e satisfeitas. Em pouco tempo, você e João viram sócios, finalmente abrem o restaurante que você havia imaginado e, em alguns anos, acabam lançando franquias e diversas unidades do restaurante por todo o país.

Vamos analisar o que aconteceu aqui? Chamamos esse efeito em escala de *blitzscaling*, um modelo de negócios desenvolvido por Reid Hoffman, fundador do LinkedIn, e que tem sido aplicado por gigantes da tecnologia,[11] como Amazon, Instagram, Netflix e Spotify. Em seu livro,[12] o autor apresenta um conjunto de técnicas para aumentar a escala de uma empresa em um ritmo vertiginoso, eliminando qualquer concorrente. Ele explica que o objetivo do *blitzscaling* não é ir de zero a um, mas de um a um bilhão o mais rápido possível. Assim como ele, acredito que, para fazer uma empresa chegar ao seu próximo estágio de crescimento, é preciso ter estratégias muito diferentes daquelas aplicadas no início da empresa. Contudo, sem que um empresário saiba como identificar seu propósito e como ele se reformula com o passar do tempo, jamais saberá como desenvolver essas estratégias.

E é por isso que reforço a importância da identificação do propósito. Você consegue perceber na história do João de que maneira

11. SANTANDER. **Blitzscaling**: entenda o modelo de gestão que se tornou tendência. Disponível em: https://santandernegocioseempresas.com.br/conhecimento/empreendedorismo/blitzscaling-entenda-o-modelo-de-gestao-que-se-tornou-tendencia/. Acesso em: 14 mar. 2024.

12. HOFFMAN, R. **Blitzscaling**: o caminho mais rápido para construir negócios extremamente valiosos. Rio de Janeiro: Alta Books, 2019.

ele foi sendo ajustado conforme as oportunidades, a qualidade do produto e o atendimento?

Analise comigo:

Ideia inicial: gostar de cozinhar e ser bom em fazer *paella*;
Propósito 1: servir um evento familiar;
Propósito 2: atender mais eventos;
Propósito 3: atender múltiplos eventos simultâneos;
Propósito 4: abrir um restaurante;
Propósito 5: abrir uma franquia;
Propósito 6: abrir unidades em todo o país.

Perceba que o propósito mudou ao longo do tempo, mas a essência foi sempre a mesma: servir um bom prato e perceber que as pessoas ficam felizes ao prová-lo. Se lá no começo do negócio alguém tivesse pedido ao João que ele definisse sua missão, sua visão, seus valores e propósitos, ele até poderia ter inventado algo para colocar no papel, mas, na prática, precisou modular o propósito conforme trilhava o caminho e enxergava as oportunidades e mudanças.

Por isso digo que definir um propósito não é algo tão simples assim. Você deve começar a pensar naquilo que verdadeiramente ama fazer, no que você faz bem e em quanto as pessoas estariam dispostas a pagar por isso. Entendeu agora por que as **4 perguntas-chave para o empresário de sucesso** são fundamentais? Elas extraem o melhor de você e definem as guias que estarão com você durante todo o seu negócio. Empresas bem-sucedidas não começam apenas planejando um bom retorno financeiro; também visualizam a realização de um propósito que surge do coração do fundador ou da liderança do momento. Pense na Apple: eu tenho certeza de que o propósito de Steve Jobs, quando abriu a empresa, era bem diferente do propósito que o levou ao topo do mundo.

Muitas empresas se perdem ao longo do caminho porque não sabem como ajustar a rota do foguete de acordo com a temporada em que estão ou porque não sabem como transmitir essa intenção. Na história anterior, perceba que João teve o cuidado de perpetuar seu propósito quando ensinou pessoalmente a nova cozinheira como gostava de executar o prato; e, a julgar pelo sucesso da empresa, podemos acreditar que esse valor tenha sido transmitido a toda a cultura empresarial, já que ela cresceu exponencialmente.

A primeira atuação de propósito deve acontecer já na contratação, e você sempre deve buscar contratar pessoas que estejam dispostas a viver o mesmo propósito. Na Goshen Land, hoje, meu propósito é expandir mil negócios, e por quê? Só por expandir e me sentir poderoso? Não. Porque sei que, ao expandir mil empresas, conseguirei gerar mais empregos, mais retorno financeiro para elas, transformando a vida de milhares. Então, quando preciso contratar novos colaboradores, uma das primeiras perguntas que faço é: você quer trabalhar para impactar a vida de milhares de pessoas ou está apenas procurando um emprego?

É preciso encontrar pessoas que acordem de manhã pelo mesmo motivo que você, que estejam dispostas a pagar o preço de sonhar alto. Sim, é importante encontrar pessoas inteligentes, mas também é fundamental encontrar aquelas que se empenham e se esforçam para conquistar o que buscam. Costumo dizer que **o esforçado sempre ganha do inteligente, mas o inteligente e esforçado é imbatível**! Esse é o perfil de pessoa que procuro para compor meu time – e mais adiante vou ensiná-lo a fazer o mesmo.

Se você tem metas audaciosas e deseja transformar sua empresa em um foguete, precisará saber como ajustar seu propósito de maneira estratégica, certificando-se de que toda a cultura empresarial saiba carregá-lo adiante com o mesmo primor que você.

METAS AUDACIOSAS E SUPERCABELUDAS

Você deve ter notado que, ao longo do livro, já falei muito sobre metas audaciosas e supercabeludas. A escassez delas nas empresas está totalmente ligada ao problema de falta de visão, que abordamos no capítulo 1. Muito se fala sobre a importância de estabelecer pequenas metas para se alcançar objetivos e não perder de vista pontos que precisam de atenção no curto e no médio prazo, mas raramente encontro empresários e empreendedores que sonham alto e definem voos desafiadores como algo a ser conquistado de verdade. Pensar em faturar milhões é um desejo comum de qualquer um, mas qual é o objetivo claro que servirá como alvo a ser atingido para que esse faturamento de fato aconteça? Lembre-se de pensar em um propósito, e não apenas no lucro que virá disso.

Metas audaciosas e supercabeludas são objetivos definidos que envolvem um alto nível de desafio, dificuldade e complexidade; é algo que deve soar como inalcançável com os recursos e as capacidades que você tem neste exato momento. Metas audaciosas e supercabeludas são caracterizadas por sua natureza ambiciosa e pelo fato de exigirem um esforço significativo, inovação e resiliência para serem alcançadas. Elas, muitas vezes, envolvem assumir riscos calculados e explorar novas fronteiras, desafiando o *status quo* e ultrapassando limites preexistentes.

De acordo com uma pesquisa[13] realizada pela consultoria Falconi, embora 73,8% das empresas participantes tenham definido suas prioridades para o ano, as metas não parecem estar fundamentadas no longo prazo, o que aumenta o risco de priorizar novas iniciativas, mas em diferentes direções, ou pior: em contradição com os movimentos do mercado, conforme alertou uma das diretoras entrevistadas.

Meu ponto é: as metas audaciosas parecem não estar na pauta de quase ninguém. E é isso que mantém os negócios estagnados ou "estáveis", como muitos ainda acreditam ser o ideal – por esse motivo, costumo dizer que a estabilidade é uma doença que limita a alma e todo o potencial humano. Procurar estabilidade sufoca a criatividade, a coragem e a exploração de novos horizontes; ainda assim, a maioria das empresas parece preferir almejar a ilusão de estabilidade a elaborar metas audaciosas e supercabeludas.

Trata-se de um problema cultural. Em uma das minhas últimas viagens a negócios para Orlando, o que notei foi um crescimento econômico, mas em grande parte impulsionado por latinos e chineses. Os americanos nativos parecem estar cada vez mais confortáveis com a situação em que estão e não consideram a possibilidade de voar mais alto.

Mas essa postura não é exclusividade deles. Para ser sincero, o desejo por metas audaciosas e supercabeludas geralmente não

---

13. SANTANA, P. Apenas 10% das médias empresas no Brasil têm planejamento de longo prazo, revela pesquisa. **Infomoney**, 5 set. 2020. Disponível em: https://www.infomoney.com.br/negocios/apenas-10-das-medias-empresas-no-brasil-tem-planejamento-de-longo-prazo-revela-pesquisa/. Acesso em: 14 mar. 2024.

está presente na maioria das pessoas. Eu aprendi isso na pele, aos 27 anos, quando entrei na Samsung e recebi minha primeira meta audaciosa: **ninguém nasce com habilidades extraordinárias, mas é possível desenvolvê-las com o tempo.** E isso deveria servir como base para muito mais que nossas vontades individuais ou empresariais; as metas audaciosas e supercabeludas deveriam ser o objetivo de todos nós enquanto sociedade, assim como para nossos governantes. Afinal, não se pode combater a fome, por exemplo, sem uma meta audaciosa! Não se pode chegar à Lua sem uma meta audaciosa. Não se pode crescer exponencialmente sem uma meta audaciosa. E é isso que precisamos passar a buscar. Empresas podem crescer com a velocidade de um foguete, desde que estejam dispostas a estabelecer o que parece inalcançável. Pessoas podem almejar uma vida melhor e mais robusta se definirem uma meta audaciosa. São elas que nos impulsionam para além de nossa situação atual, são elas que nos desafiam a alcançar novos patamares, a decolar como um foguete!

Na história do João, apresentada no início do capítulo, uma meta audaciosa, por exemplo, seria buscar ser o melhor restaurante de *paella* da América Latina, quiçá do mundo. Mas como fazer isso? Ajustando nossa capacidade de comparação. Sabe como sempre incentivam você a não se comparar com a grama do vizinho? Eu costumo dizer exatamente o contrário, porém é preciso aprender como olhar para essa grama.

É fácil observar o que de melhor está ao nosso redor, mas muitos ainda caem em um discurso interno medíocre porque acreditam que alguns são mais privilegiados ou sortudos que outros. Só que, em vez de invejar ou simplesmente ignorar as conquistas dos outros, deveríamos, na verdade, analisar o que eles estão fazendo

“EMPRESAS PODEM CRESCER COM A VELOCIDADE DE UM FOGUETE, DESDE QUE ESTEJAM DISPOSTAS A ESTABELECER O QUE PARECE INALCANÇÁVEL.

AS 7 INTELIGÊNCIAS DA EXPANSÃO DE NEGÓCIOS
@DEMAOLIVEIRAOFICIAL

de diferente para alcançar o sucesso que também buscamos. Imagine, por exemplo, aquele seu amigo saudável que treina todos os dias e motiva você a questionar seus hábitos. Você aprende com os passos dele, certo? Da mesma forma, ao observar uma empresa próspera, você deve encontrar meios de aprender a identificar as estratégias bem-sucedidas dela.

Aqueles que apresentam uma capacidade visionária e desbravadora são chamados em inglês de *hustlers*. Apenas uma fração da população possui essa habilidade nata de enxergar imediatamente um potencial onde outros só veem desafios – uma das características de Bill Gates e Steve Jobs. Para a grande maioria de nós, é preciso desenvolver tal habilidade, e aprendemos a fazer isso observando e nos comparando, mas sempre pensando em como chegar lá também.

Quando você consegue traçar uma meta audaciosa, encontra incentivo para pensar de maneira criativa, adotando uma mentalidade de crescimento. Passa a procurar soluções inovadoras e a buscar caminhos que o levem aos objetivos que, inicialmente, pareciam fora de alcance. São essas metas audaciosas e supercabeludas que impulsionam o progresso e o desenvolvimento, além de avanços significativos em diversas áreas, desde a tecnologia até a ciência, os esportes e o que buscamos destacar aqui: o mundo dos negócios.

Por fim, cabe acrescentar que também é preciso uma pitada de loucura, porque é o que você vai ouvir das pessoas quando contar sua meta audaciosa: "Você está louco? Isso nunca vai acontecer". E a ideia é que, em um primeiro momento, a sensação seja exatamente essa. No entanto, se você pensar a longo prazo, em dez ou vinte anos, perceberá que não está tão longe assim. A pitada de loucura é o combustível para seu sonho impossível, é o que fará você ir atrás de algo maior que você, é o que o fará levantar todos os dias de manhã e dizer: "Vale a pena lutar por isso".

A meta audaciosa precisa ser algo tão grandioso que inspire e esteja constantemente presente em seus pensamentos, até mesmo nas paredes e nos corredores de sua empresa. E não se esqueça da necessidade de atrair pessoas igualmente loucas e dispostas a perseguir esse sonho em conjunto, porque sozinho você não chegará a lugar algum.

E, por último, uma pergunta importante: você está disposto a arriscar toda a sua sanidade por isso? Porque se sua meta não faz você questionar sua própria sanidade, então não é uma meta audaciosa, é apenas mais do mesmo.

OLHAR ESTRATÉGICO

Sendo você o empreendedor e o empresário que busca um crescimento exponencial, qual é seu papel, então, quando falamos sobre propósito e metas audaciosas? Para responder a essa dúvida, quero voltar um pouco às **5 dores da expansão**, sobre as quais conversamos no capítulo 2, mais precisamente à quarta dor: a que deixa você preso em tarefas operacionais e impede o estabelecimento de estratégias para o crescimento da empresa.

É agora que todas as peças que apresentei no livro até aqui começam a se encaixar: se o propósito de sua empresa surge a partir do coração do fundador (você) e se sua meta audaciosa é o sonho impossível desse propósito inicial, isso quer dizer que o foco principal deve estar em definir esses dois pontos e, então, passar a desenvolver estratégias para alcançar sua meta.

Ou seja: a partir de agora, você precisa começar a afiar o machado antes de sair cortando para todos os lados e sem saber o porquê. É você quem deve traçar a rota desse foguete e definir até onde ele vai, que trajetória ele vai percorrer, em vez de queimar a largada no lançamento. Pare agora e pense: o que quer fazer? Em qual tamanho deseja chegar? E qual intensidade está disposto a dar para fazer esse sonho acontecer? Pense no que falamos agora há pouco e comece olhando para seu concorrente: como está a grama dele? Se parece com algo que você gostaria de ter, é melhor começar a refletir sobre como ele fez para chegar lá.

Desvincular-se das tarefas operacionais e concentrar seus esforços na criatividade e na formulação de estratégias é o que verdadeiramente o torna um líder; você deve buscar ser a luz que mostra o caminho para aqueles que estão com você. É claro que as tarefas operacionais são importantes para o funcionamento diário da empresa; no entanto, dedicar muito tempo a elas acaba limitando sua visão de longo prazo, minando o campo fértil que permite o cultivo da inovação. Quando você delega as responsabilidades operacionais para sua equipe e confia na competência de quem você contratou, libera tempo e energia para se envolver nas atividades estratégicas e identificar as oportunidades de crescimento.

Já falamos antes sobre como Bill Gates faz parte do raro time de visionários natos, mas vamos analisar um pouco essa história? Quando ele iniciou seus negócios, computadores ainda eram máquinas gigantescas e ocupavam todo um ambiente para funcionar; mesmo assim, a meta audaciosa era fazer com que todas as residências do mundo tivessem seu próprio equipamento.[14] A ideia era não apenas disseminar a tecnologia, mas também capacitar e transformar pessoas por meio do acesso à informação e à computação.

Ele acreditava no potencial transformador dos computadores pessoais e percebeu que democratizar esse acesso causaria um tremendo impacto na maneira como as pessoas se educam e se conectam, consequentemente promovendo um impacto social e tecnológico sem precedentes na história da humanidade. Mesmo diante das críticas que questionavam a viabilidade (e a sanidade!) dessa ideia, Gates adotou uma meta audaciosa e uma perspectiva estratégica a longo prazo, reconhecendo que se tratava de um objetivo impossível de alcançar imediatamente.

Então, concentrou seus esforços na criação de sistemas operacionais e softwares que fossem compatíveis, intuitivos e poderosos e liderou a equipe da Microsoft até que o Windows se tornasse o sistema operacional mais dominante no mercado de computadores pessoais. Como medida estratégica, ofereceu o Windows gratuitamente, servindo-o como isca para atrair milhões de usuários, quase tornando-os dependentes do sistema. E foi essa abordagem estratégica que permitiu que a Microsoft consolidasse a própria posição no mercado.

A Nike, gigante de calçados, roupas e acessórios esportivos, tinha como meta audaciosa destruir a Adidas.[15] Assim, em certo momento da história, mesmo com vendas na faixa dos 850 milhões de

14. PISA, P. A história da Microsoft. **TechTudo**, 18 maio 2012. Disponível em: https://www.techtudo.com.br/noticias/2012/05/a-historia-da-microsoft.ghtml. Acesso em: 14 mar. 2024.

15. ADIDAS vs Nike: uma rivalidade com mais de meio século. **Observador**, 4 set. 2023. Disponível em: https://observador.pt/programas/oinvestidorinteligente/02-adidas-vs-nike-uma-rivalidade-com-mais-de-meio-seculo/. Acesso em: 14 mar. 2024.

dólares anuais, entendeu que, para virar a chave e se tornar líder de mercado, precisaria de muito mais estratégia para atingir esse objetivo. E foi quando a empresa descobriu Michael Jordan – o talento do basquete que logo estrearia na National Basketball Association (NBA) pelo Chicago Bulls –, que já utilizava, mesmo sem patrocínio, os tênis da Adidas.

Convencidos de que Jordan faria sucesso, os executivos da Nike o chamaram até sua sede em Oregon (EUA) e propuseram a ele um irrecusável contrato de 500 milhões de dólares anuais, além de uma versão exclusiva de certo tênis vermelho e preto, brilhante e de cano alto, que passou ainda por modificações a pedido do próprio Jordan. Com o tempo, ele se tornou o maior jogador de basquete de todos os tempos, e seu tênis – batizado de Air Jordan – transformou-se em uma verdadeira lenda, levando a Nike a conquistar sua meta audaciosa.

Agora analise comigo: você acredita que algum dos fundadores ou CEOs da Microsoft, da Apple, da Nike ou da Adidas estavam ocupados com as obrigações operacionais do dia a dia para fazer esses sonhos se tornarem realidade? Ou estavam absolutamente focados nas estratégias que emendariam todos esses grandes feitos?

Assim como a Nike pretendia destruir a Adidas, quando entrei na Samsung, nossa meta audaciosa era desbancar a Apple; como estratégia, todos os executivos eram condicionados a pensar no curto prazo – as metas anuais de faturamento –, mas para que a empresa global pudesse alcançar a meta audaciosa de se tornar líder global na venda de celulares e smartphones.

Quando você combina objetivos imediatos com uma visão estratégica abrangente, consegue finalmente dar início ao crescimento exponencial que tanto sonha ter. Eu sei que resumir essa possibilidade em duas frases pode parecer algo completamente insano ou uma ideia inalcançável, e foi justamente por isso que desenvolvi os **7 Es – As 7 inteligências da expansão de negócios**, que você aprenderá nas próximas páginas deste livro. Como disse antes, sei que essa habilidade de pensar tão a longo prazo não é natural para a maioria de nós, e meu trabalho aqui será conduzir você para expandir sua mentalidade empreendedora. Está pronto? Vamos lá!

Escaneie o QR Code para ter acesso a conteúdos ricos, complementares ao material deste livro.

CAPÍTULO 4

FICAR PEQUENO DÁ MUITO TRABALHO

Antes de avançarmos para os 7 Es – As 7 inteligências da expansão de negócios, quero falar sobre o lema que carrego comigo e que se tornou o título deste livro. A maioria das pessoas me conhece pelos resultados que gerei para a Samsung no Brasil durante o período em que trabalhei lá. Enquanto a maior parte dos empresários está acostumada a trabalhar na casa dos milhares de reais, eu tive a oportunidade de atuar em negócios bilionários, e foi justamente essa possibilidade que ajustou toda a minha perspectiva.

Assim, quando comecei a dar palestras, o que as pessoas mais queriam saber era como chegar a esse patamar de negócios – quais eram os passos para faturar bilhões. Um dia, durante uma dessas palestras, enquanto respondia à dúvida de alguém na plateia sobre a quebra de paradigmas, soltei a frase "Cara, a verdade é que ficar pequeno dá muito trabalho!". E, naquele dia, saí de lá refletindo a respeito da genuinidade do que tinha dito.

Sempre reforço que quem pretende alçar altos voos precisa estar disposto a quebrar paradigmas, a desafiar convenções e mentalidades preestabelecidas para romper barreiras e abrir caminhos para as possibilidades. Por mais desconfortável que o estresse nos faça sentir, é justamente nesse desconforto que nossas reinvenções acontecem, é nesse exato momento que as inovações são geradas e os avanços se criam.

E a quebra de paradigmas acontece quando você começa a acreditar em metas audaciosas e supercabeludas: suas metas pessoais, audaciosas e supercabeludas. **Antes de pensar em expandir sua empresa, você precisa começar a pensar em expandir a si próprio.** Se eu não tivesse quebrado paradigmas para minha própria mente, para meu corpo e para minha capacidade intelectual, jamais teria conseguido desenvolver esses projetos gigantes e de faturamento bilionário. Sei que hoje em dia muito se fala sobre crenças limitantes, mas pouca gente percebe o que isso significa de fato. Você consegue acreditar no impossível? Consegue acreditar em sua capacidade de alcançar o inalcançável?

Quando digo que **ficar pequeno dá muito trabalho**, é porque se você prestar bastante atenção no que faz, verá que quando se é pequeno não há ganho de escala, e não há como se tornar competitivo com esse tamanho. Permanecer pequeno demanda um esforço gigante, e a verdade é que ser grande demanda exatamente o mesmo esforço, só que melhor aplicado.

Imagine o seguinte cenário: se você tem uma loja, precisa comprar produtos para ela. Agora, se tivesse cinco lojas, precisaria fazer essa mesma compra, mas com a vantagem de um maior desconto no preço e, consequentemente, um maior faturamento, já que aumentaria o lucro no preço de vendas. Quando você tem uma loja pequena, trabalha sozinho, faz o atendimento no balcão, além das tarefas administrativas, e não consegue aprimorar seus processos; em contrapartida, se tivesse cinco lojas, poderia otimizar algumas funções e melhorar o faturamento.

Quando se é pequeno, o crescimento pessoal e profissional é limitado, e é muito mais complexo fazer economias em escala e que resultem em uma redução de custos efetiva. Se você opera uma única loja, os recursos são direcionados exclusivamente para ela; já múltiplas unidades permitem uma distribuição mais eficiente de gastos. Assim, a falta de competitividade diante de seus concorrentes fica cada vez mais evidente, e não sobram espaço e recursos para investir em melhorias.

Vivemos em um mundo globalizado e interconectado, onde outras potências econômicas seguem expandindo seus negócios constantemente; a estabilidade e a estagnação impedem a geração de receita adicional para o aprimoramento necessário, o que leva à perda de clientes ou talentos profissionais. Por isso reforço tanto a importância de uma abordagem ambiciosa e estratégica.

Quando estava na Samsung, provei que eu só precisava de um único novo funcionário a cada dez novas lojas que abríssemos e demonstrei que o crescimento exponencial, naquele caso, era uma estratégia viável. Foi essa abordagem, com uma equipe enxuta e eficiente, que permitiu uma taxa significativa de crescimento em uma empresa que fatura bilhões de reais no Brasil. Hoje, com aproximadamente 330 lojas próprias, o trabalho dessa área é até menos complexo do que quando tinha apenas dez. Por quê? Porque antes não havia recursos nem pessoas que desejassem trabalhar ali, e os processos só se estabeleceram depois que essa área prosperou.

Pode parecer contraditório, mas muitas pessoas ainda enxergam a prosperidade como algo negativo, pois associam esse sucesso a algum tipo de ganância – e não é. Ter ambição e vontade de prosperar é completamente diferente de ser ganancioso. Enquanto a ganância é um traço negativo, caracterizado pela busca desenfreada de ganhos pessoais e sem consideração pelos demais, a ambição é um desejo saudável daqueles que procuram progredir, crescer e alcançar objetivos de vida. Por exemplo, se alguém deseja ter uma boa bicicleta e aprender a andar nela, isso não é ganância, é ambição. É uma vontade genuína de desenvolver uma nova habilidade e evoluir nela.

Quando você compreende sua ambição como a energia motivadora para ir atrás de seus sonhos, começa a se mover em direção a eles. A ambição é uma força motriz, saudável e positiva, e digo mais: deve ser cultivada desde cedo nas crianças. Muitas vezes ouço pessoas dizendo para evitarmos criar expectativas em nossos filhos, mas acredito no contrário, porque é importante incentivar a ambição neles. Para minhas filhas – Sarah, de 2 anos, e Esther, de 4 anos –, por exemplo, sempre digo que elas serão as lideranças da próxima geração e, então, encorajo-as para se esforçarem ao máximo em seus estudos, para se capacitarem emocional, física e intelectualmente. E explico que assim será melhor para elas, para o casamento, para a família e para as pessoas ao redor.

No entanto, o que tenho visto não é bem assim. Em um mundo repleto de facilidades e avanços tecnológicos, ainda percebo altos e baixos no cenário corporativo que se assemelham muito aos de uma década atrás. Há não muito tempo, a maioria das televisões vistas em todos os lugares eram da Sony, a marca tinha uma presença marcante, assim como algumas outras empresas japonesas em diversos setores. Contudo, ao longo do tempo, tenho percebido que até o Japão, conhecido por sua forte competitividade, enfrenta desafios nesse sentido. É muito interessante notar isso em todas as partes do mundo (principalmente em países orientais).

Em minhas viagens, sempre escuto uma nova perspectiva da próxima geração: eles não desejam seguir os mesmos padrões de trabalho árduo de seus pais. Muitos até expressam o desejo de não iniciar o dia de trabalho tão cedo ou de não se dedicarem tanto aos estudos. É claro que existem exceções, mas é uma tendência notável. E essa mudança de mentalidade também é evidente em outros países.

Na Coreia do Sul, estamos testemunhando a terceira geração pós-guerra que, com muito esforço, contribuiu significativamente para o desenvolvimento do país. No entanto, os filhos dessa geração parecem não ter a mesma disposição para se esforçar no trabalho. Acredito que essa mudança de atitude esteja ligada ao fácil acesso a algumas comodidades oferecidas pela sociedade moderna. E é essa falta de ambição que pode se tornar um grande problema.

Se não incentivamos e cultivamos a importância da ambição nas próximas gerações, como podemos esperar que elas evoluam? Tenho notado essa mudança de comportamento também nos Estados Unidos, um país que sempre foi conhecido por sua cultura de trabalho árduo e de longas horas de dedicação. A percepção que tenho é de que a ideia de *work-life balance* tem sido mal interpretada como uma desculpa para diminuir a dedicação no trabalho.

É claro que o equilíbrio entre a vida profissional e a pessoal é importante, inclusive para a produtividade. Ninguém produz de maneira proveitosa se não puder desfrutar de momentos significativos com a família, se não se dedicar à saúde física e mental e se não puder cultivar hobbies. Só que é preciso delinear melhor os limites de cada área; se você souber como direcionar sua ambição ao que realmente importa, colherá os frutos desse crescimento exponencial e, ao mesmo tempo, de uma vida equilibrada.

Para ser grande, tenha sempre a ambição de querer ser melhor – em todas as áreas de sua vida. Afinal de contas, ficar pequeno dá muito trabalho.

PARA SER GRANDE, TENHA SEMPRE A AMBIÇÃO DE QUERER SER MELHOR – EM TODAS AS ÁREAS DE SUA VIDA.

AS 7 INTELIGÊNCIAS DA EXPANSÃO DE NEGÓCIOS
@DEMAOLIVEIRAOFICIAL

O OURIÇO E A RAPOSA

No livro *Empresas feitas para vencer*,[16] o autor e pesquisador de gestão e negócios Jim Collins recorre ao famoso ensaio *O ouriço e a raposa*, escrito por Isaiah Berlin, para fazer uma metáfora da qual gosto muito. A história contrasta a raposa – um animal astuto que sabe muitas coisas, sempre enxergando o mundo em toda a sua complexidade – com o ouriço – que conhece muito bem uma única grande coisa e simplifica um mundo complexo através de uma única ideia organizadora.

Ou seja, enquanto o ouriço representa aqueles que têm uma grande ideia, são especialistas nela e se dedicam a essa ideia de maneira profunda, a raposa representa os multifacetados, com ideias diversas e que preferem não se comprometer com uma única teoria. Em seu livro, Collins explora as características das empresas que passaram de uma boa performance para uma performance verdadeiramente excepcional ao longo do tempo – depois de conduzir um estudo abrangente que analisou o desempenho dessas empresas durante várias décadas. Para ele, as empresas "feitas para vencer" compartilhavam alguns traços e estratégias que muito se assemelham ao perfil do ouriço.

As empresas "raposa", então, seriam aquelas que trabalham para serem boas em diversas áreas, procurando reconhecer e aproveitar qualquer tipo de oportunidade à medida que surgem. Ainda que essa estratégia pareça ser muito eficiente, qual é o grande problema dela? O propósito não é claro desde o início, portanto se perde ao longo do tempo, sem que seja possível adaptá-lo con-

16. COLLINS, J. **Empresas feitas para vencer**: por que algumas empresas alcançam a excelência... e outras não. Rio de Janeiro: HSM, 2018.

forme o crescimento. Assim, essas empresas tendem a se tornar dispersas, difusas, nunca tornando-se realmente boas em qualquer uma das áreas em que atuam.

Talvez você esteja se perguntando por que decidi mencionar o ensaio de Isaiah Berlin neste momento, e eu explico: a partir do próximo capítulo, você aprenderá a desenvolver **as 7 inteligências da expansão de negócios**, mas elas só se tornarão verdadeiramente úteis se você souber como aplicá-las a partir do coração de sua empresa – o propósito essencial que é a raiz do que você faz. Assim como o ouriço, você deve se dedicar de maneira profunda à sua grande ideia, pois ela será o diferencial de seu negócio.

Se, no começo do livro, você refletiu sobre as **4 perguntas-chave do empresário de sucesso**, agora é o momento de retomar suas respostas a elas para definir as estratégias de seu negócio.

1. **No que sua empresa pode ser a melhor do mundo?**

   Considere o que aconteceria se sua empresa concentrasse toda a energia e todos os esforços em uma única área principal. Perceba que não se trata de uma meta para se tornar a melhor empresa em algo, mas de uma reflexão sobre aquilo em que você tem certeza de que pode se tornar o melhor. Vale lembrar que é igualmente importante entender no que você **não** pode se tornar o melhor. Também tenha em mente que, para ser o melhor do mundo em algo, é preciso ser, pelo menos, realmente bom no momento presente.

2. **O que impulsiona seu motor econômico?**

   Veja que esta é uma visão estratégica, e não uma questão de métricas. Procure pensar no que realmente faz com que você ganhe dinheiro, mais do que qualquer outra proporção ou denominador em seu negócio. É nesse ponto que estará o caminho para obter avanços reais e para a inovação, diferenciando sua empresa da concorrência e desafiando o *status quo*.

3. Pelo que você é profundamente apaixonado?

Para que uma empresa seja grande, as pessoas dessa organização devem estar totalmente comprometidas e engajadas com o trabalho, e isso requer envolver seus corações e suas cabeças. Compreender o propósito do trabalho, a paixão de sua equipe e ser intencional na ambição em busca de oportunidades é uma parte importante do conceito de uma empresa "ouriço". A ideia não é trabalhar para deixar as pessoas apaixonadas pelo que estão fazendo, mas sim tomar uma decisão estratégica para promover um trabalho que naturalmente inspire a paixão na equipe.

Empresas "ouriço" têm foco claro e definido e se concentram em uma área específica de negócio, são especialistas nisso. Por isso mesmo, destacam-se em uma competência específica e se diferenciam da concorrência, tornando-se referência no segmento em que atuam. Os líderes de empresas "ouriço" têm uma visão consistente e duradoura, sabem como manter seu propósito central, apenas ajustando a ideia inicial à temporada da empresa. São eficientes e sabem como otimizar seus processos operacionais, justamente por compreenderem em profundidade seu público-alvo e como atendê-lo.

Se você está certo de que deseja alcançar um crescimento exponencial e já sabe aonde pretende levar seu foguete, está pronto para aprender como conquistar as características em comum das empresas feitas para vencer, a partir do método **7 Es – As 7 inteligências da expansão de negócios**. Espero você nas próximas páginas!

Escaneie o QR Code para ter acesso a conteúdos ricos, complementares ao material deste livro.

5

INTELIGÊNCIA 1: BUSQUE DESENVOLVIMENTO PESSOAL

Finalmente chegamos ao método e à primeira inteligência de expansão que um empresário ou empreendedor precisa ter para alcançar voos mais altos.

Sempre digo que o primeiro passo para começar a pensar na expansão de negócios é desenvolver a constante busca por desenvolvimento pessoal. Afinal, o sucesso de qualquer empreendimento está intrinsecamente ligado ao desenvolvimento e ao crescimento contínuo dos indivíduos por trás dele – empreendedor, líder ou membros da equipe.

Quem busca desenvolvimento pessoal desafia as capacidades humanas com o objetivo de crescer em todas as áreas de sua vida; por esse motivo, trata-se de um processo que deve ocorrer de maneira contínua e constante. Acredito que o ser humano deve ser um eterno insatisfeito com o próprio desenvolvimento pessoal, porque quando alguém acredita que chegou ao máximo que poderia, tende a decair.

No começo do livro, falamos muito sobre como a procura por estabilidade é, na verdade, uma doença que atrapalha o crescimento das empresas; quando pensamos em desenvolvimento pessoal, isso também é válido. Há quem diga ainda que nunca estamos verdadeiramente parados ou estagnados; na verdade, estamos sempre crescendo ou decaindo em alguma área de nossa vida.

Por isso, aqueles que buscam o autodesenvolvimento garantem uma excelente performance na vida; se você está bem, tudo vai bem. Portanto, seja simples e resiliente: sonhe cada vez mais alto e torne-se o líder que todos querem seguir.

Como fazer isso na prática? Separei três passos que costumo utilizar no meu dia a dia e que me ajudam a manter a busca constante por autodesenvolvimento.

PASSO 1 – APRENDA A MUDAR SUA PERSPECTIVA

Mudar sua percepção de mundo é saber como desenvolver a própria capacidade de enxergar mais longe ou de encarar a realidade a partir de uma perspectiva diferente da que você tem hoje. Como falamos antes, isso nem sempre vem com naturalidade para a maioria das pessoas, no entanto essa habilidade pode ser treinada, e tudo começa com uma simples mudança de ambiente para ajustar o ponto de vista atual. Quer um exemplo? Você se lembra do filme *Trocando as bolas*,[17] com o ator Eddie Murphy? Na comédia dirigida por John Landis, um rico investidor e um morador de rua precisam trocar suas vidas como parte de uma manipulação e aposta entre dois empresários.

O personagem de Eddie Murphy, que interpreta o morador de rua, passa por uma gigante transformação para cumprir a proposta. Depois de roupas adequadas, treinamento, nova maneira de agir e acesso à educação, ele começa a atuar no mercado financeiro de tal maneira que ultrapassa o sucesso dos dois empresários que fizeram a aposta. O filme é uma comédia, claro, mas há ensinamentos interessantes que podemos extrair dele para quem precisa aprender a mudar de perspectiva.

---

17. TRADING places. Direção: John Landis. Produção: Aaron Russo. Estados Unidos: Paramount Pictures, 1983.

1. Ser colocado em uma posição e um ambiente totalmente diferentes daqueles aos quais você está acostumado: estar cercado por pessoas mais bem-sucedidas ou que alcançaram patamares mais elevados pode proporcionar novas perspectivas e oportunidades de crescimento.
2. Aprender a se sujeitar a ser moldado e treinado, em vez de apenas liderado por alguém: estar disposto a aprender e se adaptar às novas circunstâncias é essencial para o desenvolvimento pessoal e profissional, sem depender que outra pessoa esteja sempre guiando seu caminho.
3. Estar disposto a pagar o preço necessário para alcançar seus objetivos: o sucesso muitas vezes requer sacrifícios e esforços extraordinários, e é fundamental estar preparado para enfrentá-los.
4. Criar em si uma determinação inabalável para alcançar algo que antes você imaginava ser possível: esse processo nos desafia a sonhar mais alto e a buscar metas que anteriormente pareciam inatingíveis em nossa jornada pessoal e profissional.

Falo isso por experiência própria. Tudo mudou na minha vida quando deixei minha cidade natal, Ribeirão Pires (SP), e comecei a trabalhar em São Paulo (SP). Nunca tinha visto prédios tão grandes e jamais imaginei o quanto estar em uma cidade grande afetaria minhas perspectivas de vida. Quando eu pegava o ônibus na minha cidade e vinha até aqui, colocava a cabeça para fora e pensava: *Um dia, vou trabalhar na Faria Lima ou na Berrini.* Eu olhava para aqueles arranha-céus e desejava ter um bom emprego, e foi assim que minha visão de futuro começou a ser ajustada.

Meu primeiro emprego foi como arrumador de filas em um banco, mas não queria ser chamado assim. Queria ser escriturário, então me vestia da melhor maneira possível para me assemelhar a um. Meu sonho, naquele momento, era passar em um concurso público e ser caixa de banco; contudo, as coisas não saíram como planejei e acabei trabalhando como operador de telemarketing no Bradesco. Mesmo nesse cargo, ao observar aqueles que estavam no topo da hierarquia, eu me via como um futuro gerente-geral, portanto fazia o possível para aprender ao máximo.

Depois de um tempo, mudei para a BCP Telecomunicações como estagiário. Lá eu me comportava e me vestia como alguém acima do meu cargo, porque acredito firmemente que a vestimenta de um homem de negócios é parte importante de sua armadura – e se você não estiver vestindo sua armadura, nunca será chamado para a guerra.

Para aprender a ajustar sua perspectiva, é importante buscar referências diferentes das que tem hoje e, de preferência, aquelas que motivem você a ir mais longe – seja através de uma mentoria paga, por exemplo, ou de conexões a partir de sua rede de contatos.

O que mais me motiva é a certeza de que sempre há algo maior para alcançar. Sabe quando dizem que uma vez que você dirige um Porsche, não quer mais voltar para um Corolla? No mundo dos negócios é semelhante. Expandir os horizontes pode criar uma nova mentalidade e perspectiva, impulsionando você sempre adiante.

PASSO 2 – DEFINA METAS PESSOAIS PARA TODAS AS ÁREAS DE SUA VIDA

Ao longo do livro, temos falado muito sobre metas, principalmente metas audaciosas e supercabeludas para sua empresa ou seu negócio. Metas são a força propulsora que nos impulsiona a conquistar o que sonhamos. São as metas que fazem o mundo andar.

Assim, para desenvolver a primeira inteligência de expansão – seu desenvolvimento pessoal –, é fundamental estabelecer metas pessoais em diversas áreas da vida. As metas que você define fornecem uma bússola que direciona suas ações e motiva o progresso, fazendo com que você aja com intenção em cada passo rumo ao líder que deseja se tornar.

Na dimensão profissional, metas claras ajudam você a definir seu caminho de carreira, incentivando a buscar oportunidades de crescimento e aprimoramento. No âmbito pessoal, por exemplo, metas de saúde, relacionamentos e desenvolvimento pessoal são as que mantêm você focado em alcançar um equilíbrio satisfatório. Além disso, estabelecer metas desafiadoras, mas alcançáveis, pode aumentar sua autoconfiança e autoestima, à medida que você conquista cada objetivo.

Há quinze anos eu faço metas para minha vida e utilizo uma planilha de metas pessoais para me ajudar a alcançar os resultados que busco; separo cada área em que procuro me desenvolver e defino três metas para cada uma delas. Por exemplo:

Metas intelectuais

1. Ler um número específico de livros por ano, de gêneros diferentes.

2. Aprender uma nova língua ou aprimorar um idioma que já estudo.
3. Participar de cursos ou workshops para adquirir conhecimento em uma nova área de interesse.

Metas de inteligência física

1. Treinar para completar uma competição esportiva ou ganhar massa muscular.
2. Alcançar determinado nível de condicionamento físico: por exemplo, correr 10 km.
3. Adotar um estilo de vida mais ativo, fazendo atividade física diariamente.

Metas de inteligência espiritual

1. Me aproximar mais de Deus, frequentando a igreja todos os domingos.
2. Estabelecer um período de reflexão diária, seja lendo a Bíblia ou agradecendo pela vida.
3. Participar de atividades ou grupos que promovam crescimento espiritual.

Metas familiares

1. Passar mais tempo de qualidade com a família, com almoços regulares aos domingos ou jantares às sextas-feiras.
2. Criar tradições familiares que fortaleçam os laços afetivos.
3. Melhorar a comunicação aberta para conversas mais significativas e resolução de conflitos de maneira saudável.

Metas financeiras

1. Estabelecer um orçamento mensal e poupar uma porcentagem específica para objetivos de curto, médio e longo prazos.
2. Definir metas financeiras específicas para um propósito maior: uma viagem ou a compra de um imóvel ou automóvel, por exemplo.
3. Investir em educação financeira para melhorar meus investimentos.

É importante ressaltar que as metas precisam ser realistas e devem estar alinhadas com seus propósitos para cada uma das áreas em que deseja promover algum avanço. Para facilitar o seu processo nessa etapa, quero compartilhar com você, pelo QR Code a seguir, meu modelo de planilha com metas pessoais. Assim, você pode adaptá-la de acordo com suas próprias ambições.

Talvez você esteja pensando: *Dema, mas como fazer para que essa planilha não se torne apenas mais uma lista de tarefas em meio a tantas outras obrigações*? E isso é importante. Não adianta definir um plano de ação se você não o colocar em prática. Então vamos às regras:

1. Nunca coloque mais que três metas para cada área; do contrário, você não conseguirá cumprir todas elas.

2. As metas precisam ser mensuráveis e devem ser de possível conclusão em até um ano.
3. A cada três meses, abra sua planilha e atribua uma nota para a meta em questão. A nota só pode ser 2, 4, 8 ou 10: 2 e 4 para as metas não cumpridas, e 8 e 10 para aquelas executadas. Dessa maneira, nunca há meio-termo. Seja sincero na avaliação, porque o próximo passo dependerá disso.
4. Encontre alguém que possa auxiliar nessa etapa da avaliação, porque as maiores evoluções acontecem quando você não é o único a acompanhar seu progresso.
5. Verifique quais metas estão com notas ruins e ajuste sua rotina de maneira a melhorar cada uma delas.

Lembre-se que executar metas previamente definidas requer comprometimento e disciplina. Uma vez que, agora, você tem suas metas estabelecidas, deve desenvolver um roteiro detalhado para alcançá-las, desmembrando a trajetória em tarefas menores e definindo prazos realistas de acordo com sua rotina.

Monitorar o progresso regularmente será fundamental para que você ajuste o plano conforme o necessário porque, afinal, sabemos que os contratempos e desafios se farão presentes. Saber contornar tais obstáculos ao mesmo tempo que celebra as pequenas conquistas é o que fará com que você transforme suas metas em realizações concretas, rumo ao sucesso de seu desenvolvimento pessoal.

SABER CONTORNAR OBSTÁCULOS AO MESMO TEMPO QUE CELEBRA AS PEQUENAS CONQUISTAS É O QUE FARÁ COM QUE VOCÊ TRANSFORME SUAS METAS EM REALIZAÇÕES CONCRETAS.

AS 7 INTELIGÊNCIAS DA EXPANSÃO DE NEGÓCIOS
@DEMAOLIVEIRAOFICIAL

PASSO 3 – APRENDA A FAZER UMA *VISION TRIP* (UMA VIAGEM PARA EXPANDIR SUA VISÃO)

O terceiro passo para que você seja bem-sucedido em seu desenvolvimento pessoal é um exercício do qual gosto muito, por propiciar sonhos cada vez mais altos. Fazer uma *vision trip*, uma viagem para expandir sua visão, é como fazer qualquer viagem organizada com o propósito específico de proporcionar uma visão mais ampla e profunda de determinada região, organização, projeto, comunidade ou área geográfica.

Imagine o seguinte: sempre que você busca ver algo novo para além da realidade brasileira, você pega um avião e visita um país que, de alguma maneira, traga novidades e novas realidades para sua perspectiva, certo? Sabe aquele deslumbramento ao se deparar com algo completamente diferente e pensar: *Uau, eu não acredito que alguém foi capaz de criar/construir isso...*? A ideia é trazer esse deslumbramento para seu desenvolvimento pessoal a partir dessa viagem de visão.

Sempre que vou a algum lugar novo com minhas filhas, procuro mostrar a elas as perspectivas do que a capacidade humana pode alcançar. Na Disney, por exemplo, há muito mais do que a possibilidade de encontrar personagens fantásticos e brincar com outras crianças: há um parque inteiro desenvolvido a partir de um sonho; engenharias complexas para o funcionamento das atrações; arte e profissionalismo em cada funcionário; e milhares de empregos gerados a partir disso. Assim, procuro mostrar a elas que sonhar alto é perfeitamente possível e, mais do que isso, que grandes sonhos impactam a vida de milhares de pessoas.

Tenho um amigo músico que, a cada dois anos, viaja para conhecer estúdios musicais pelo mundo, simplesmente para conhecer as novidades tecnológicas e que tipo de trabalho está sendo realizado nesses lugares. Desse modo, ele amplia a própria perspectiva e consegue trazer novidades para o Brasil, com base no que vê em diferentes regiões. E ele sempre me diz o quanto se sente enriquecido de ideias por meio dessas viagens, porque volta com um novo repertório criativo que o olhar natural não seria capaz de desenvolver.

Em minha sessões de consultoria, quando encontro empresários em busca de crescimento e que, de alguma maneira, se sentem estagnados com o que fazem no momento, sempre recomendo que façam viagens com o olhar atento às novidades e diferenças. Mesmo em um museu, se nosso olhar estiver ajustado e atento para captar novas referências, é possível ter insights valiosos e criativos. Você pode, por exemplo, observar uma escultura e perceber que há muito tempo a humanidade não faz nada como aquilo.

O importante na *vision trip* é desenvolver a capacidade de identificar o que há de diferente em determinado lugar e como você pode aproveitar essa ideia para ampliar seus conceitos criativos.

CAPÍTULO 6

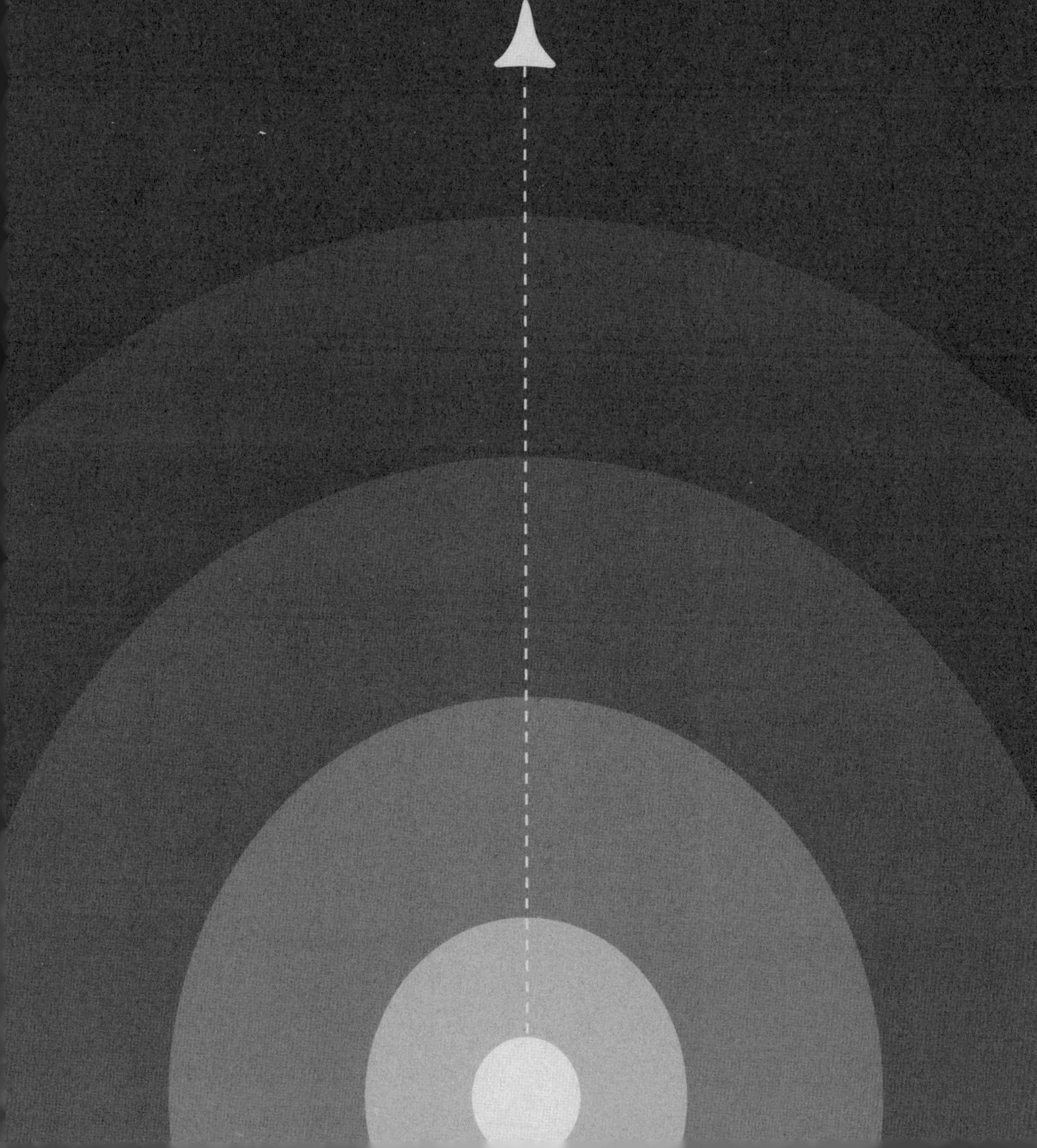

INTELIGÊNCIA 2:
DEFINA SUA META AUDACIOSA E SUPERCABELUDA

Ao longo deste livro, tenho frisado muito a importância de definir metas audaciosas e supercabeludas para traçar um futuro de crescimento próspero para seu negócio. Agora chegou o momento de ajudar você a, finalmente, definir e estabelecer essas metas. Antes disso, vamos entender de onde surgiu tal conceito.

Talvez você já tenha ouvido falar sobre BHAG (*Big Hairy Audacious Goals*), expressão que ficou conhecida a partir do livro *Feitas para durar*,[18] cujos autores analisam o que diferencia empresas legitimamente expressivas de tantas outras. Em tradução livre, a BHAG poderia se chamar algo como "meta grande, peluda e audaciosa", daí minha ideia de adaptar o termo para nosso idioma e passar a chamá-la de "meta audaciosa e supercabeluda". Na prática, conforme expliquei no capítulo 3, essas grandes metas para o futuro nada mais são do que desafios ambiciosos, inspiradores e desafiadores com a intenção de nortear o rumo de uma empresa com foco em sua trajetória a longo prazo.

Metas audaciosas e supercabeludas são frequentemente consideradas como extremamente ousadas porque parecem de fato impossíveis de se alcançar. E costumo dizer que **se sua meta audaciosa e supercabeluda não provoca náuseas em você, é provável que ela não seja audaciosa o suficiente!**

Mas, então, como definir uma meta como essa?

---

18. COLLINS, J.; PORRAS, J. **Feitas para durar:** práticas bem-sucedidas de empresas visionárias. Rio de Janeiro: Alta Books, 2020.

Antes de mais nada, é preciso saber que essa meta precisa estar alinhada ao propósito da empresa – aquele de que falamos lá atrás. No entanto, é importante compreender que ela representa apenas a ponta de um iceberg muito maior e complexo, conforme a imagem a seguir.

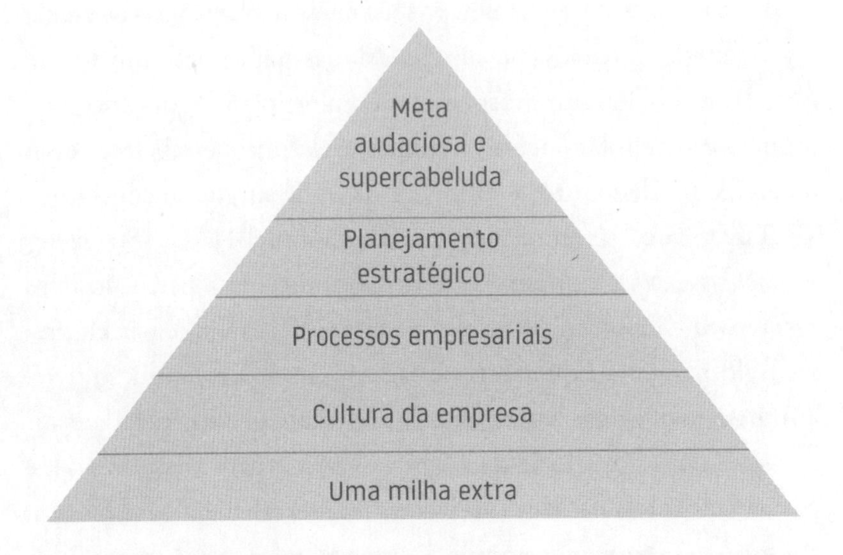

Falaremos sobre o corpo desse iceberg (o planejamento estratégico e a milha extra) nas próximas páginas; por enquanto, quero que você se atente à ponta dele e à definição de sua meta audaciosa e supercabeluda. Bill Gates já dizia que "a maioria das pessoas superestima o que pode fazer em um ano e subestima o que podem fazer em dez anos",[19] e uma meta a longo prazo pode nos ajudar a visualizar melhor cada um dos degraus que precisamos subir para chegar ao topo.

19. PENSE grande e comece pequeno. **Exame**, 14 maio 2015. Disponível em: https://exame.com/colunistas/voce-e-o-dinheiro/pense-grande-e-comece-pequeno/. Acesso em: 14 mar. 2024.

Eu sei que definir metas a longo prazo pode parecer um pensamento contraintuitivo – especialmente no atual e acelerado mundo de negócios que ora está em alta, ora está em baixa. Contudo, se o intuito é obter um crescimento exponencial e de primeira linha, estou aqui para dizer que você precisa definir sua estratégia a partir dessa meta audaciosa e supercabeluda – uma arrojada o suficiente para marcar a próxima geração e contribuir para as próximas, causando um impacto global.

Antes de começar a pensar em defini-la, é importante compreender que existem alguns tipos de metas audaciosas e supercabeludas de acordo com a categoria em que se enquadram, e você deve buscar adotar uma delas dependendo de sua necessidade, de seus recursos, de seu objetivo e do alvo em que pretende mirar.

1. **Meta supercabeluda orientada por resultado**: geralmente é uma meta relacionada à obtenção de resultados financeiros significativos ou de resultados que podem ser mensurados em números. Exemplo: aumentar a receita, reduzir custo, aumentar o lucro ou alcançar "x" países.
2. **Meta supercabeluda de mercado**: busca a expansão ou a conquista de um mercado. Exemplo: lançar um produto inovador, aumentar a participação no mercado em que atua ou ingressar em um novo segmento de mercado.
3. **Meta supercabeluda de produto**: geralmente está relacionada ao desenvolvimento de um novo produto ou à expansão de qualidade de um produto já existente.
4. **Meta supercabeluda de marca ou *brand***: contempla a construção da marca ou da organização, buscando aumentar o reconhecimento dela ou refinar sua repu-

tação. Exemplo: ser a marca mais conhecida em determinado segmento para gerar valor agregado ao longo do tempo.

5. **Meta supercabeluda de sustentabilidade**: quase não se vê no mercado, mas geralmente está associada a objetivos com focos ambientais ou sociais. Exemplo: procurar reduzir a emissão de CO_2 ou lançar carros que não promovem combustão.
6. **Meta supercabeluda de crescimento**: está sempre orientada ao crescimento de uma organização. Exemplo: expandir operações, aumentar o número de funcionários ou alcançar determinada escala.
7. **Meta supercabeluda de competição**: voltada para competir com um concorrente que já existe no mercado. Exemplo: Nike e Adidas, que mencionei anteriormente.

A meta audaciosa e supercabeluda da minha empresa, a Goshen Land, por exemplo, é orientada por resultado: meu objetivo é me tornar sócio de mil empresas em até dez anos. Repare que se trata de uma meta clara, difícil (mas alcançável) e diretamente alinhada com nosso propósito: expandir mil empresas, para gerar mais empregos, mais retorno financeiro para elas, transformando a vida de milhares de pessoas.

Quando você define sua meta audaciosa a partir de seu propósito, consegue, de maneira poderosa, alinhar sua visão de longo prazo com a missão fundamental de seu negócio. Para isso, comece reafirmando a razão essencial da existência de sua empresa. Pergunte-se por que sua empresa existe e procure elaborar uma resposta clara e concisa – sua meta precisa ser o mais direta possível. Em seguida, para identificar seus objetivos a longo prazo, procure traçar desafios inspiradores: pense grande e considere como você gostaria de ver sua empresa daqui a dez, vinte ou trinta anos. Se for necessário, busque inspiração em empresas que tenham definido metas audaciosas e supercabeludas e que sejam impactantes. Eu trouxe alguns casos ao longo do livro, mas você pode imaginar empresas que já conhece e admira. Por último, não se esqueça de considerar o impacto: que legado você gostaria de perpetuar a partir de seu negócio?

Vale lembrar que de nada adianta definir sua meta se não houver um planejamento estratégico para alcançá-la. Definir metas irrealistas pode levar à desmotivação e ao desânimo, portanto é fundamental equilibrar a ambição com a viabilidade, garantindo que sua meta seja verdadeiramente inspiradora e dentro do alcance. Seria como tentar atravessar um rio sem uma ponte: você pode até visualizar o outro lado, mas sem um plano sólido é improvável chegar lá com sucesso.

Sendo assim, tão importante quanto estabelecer uma meta audaciosa é desenvolver um roteiro claro que detalhe como alcançá-la. E isso envolve identificar os passos necessários, os recursos disponíveis, os prazos a serem cumpridos e as métricas de sucesso para acompanhar esse progresso. Pensando nisso, desenvolvi sete passos para que você possa definir sua meta audaciosa e supercabeluda, além de colocá-la em prática em sua organização.

> **TÃO IMPORTANTE QUANTO ESTABELECER UMA META AUDACIOSA É DESENVOLVER UM ROTEIRO CLARO QUE DETALHE COMO ALCANÇÁ-LA.**

7 PASSOS PARA SUA META AUDACIOSA E SUPERCABELUDA

Passo 1

Para estabelecer uma meta audaciosa, é essencial identificar objetivos a longo prazo que sejam tanto desafiadores quanto inspiradores. Um exemplo emblemático disso seria: posicionar-se como líder no mercado global até 2030. Este tipo de meta não apenas requer um compromisso firme e determinação, mas também inspira ação e inovação contínuas, impulsionando indivíduos e organizações a alcançarem seu potencial máximo.

Passo 2

O segundo passo é comunicar essa meta de maneira clara e abrangente para a equipe inteira, utilizando toda a variedade de canais disponíveis, como reuniões presenciais, e-mails, intranet, WhatsApp ou Instagram, por exemplo. Garantir que a meta audaciosa seja compreendida por todos os membros da equipe é fundamental para alinhar os esforços coletivos e motivar a colaboração. Essa comunicação multicanal não apenas assegura que a informação seja disseminada de modo eficaz, mas também permite que todos os envolvidos se sintam parte do processo e compreendam sua importância no alcance do objetivo em comum.

Passo 3

O terceiro passo é estabelecer planos de ação detalhados para alcançar sua meta audaciosa e supercabeluda – falaremos mais detalhadamente sobre isso no capítulo 10. O importante aqui é detalhar meticulosamente como essa meta será alcançada, desmembrando-a em metas menores e atribuindo responsabilidades específicas. Por exemplo, se sua meta deve ser realizada em dez anos, você deve fracionar essa meta em metas menores e anuais, depois em metas semestrais, trimestrais e mensais; assim, é possível estabelecer marcos tangíveis e acompanhar o progresso de modo mais eficaz. Além disso, atribuir responsabilidades específicas a cada membro da equipe garantirá que todos estejam alinhados e comprometidos com o sucesso do plano de ação.

Passo 4

O quarto passo fundamental para que essa meta audaciosa e supercabeluda seja alcançada é monitorar regularmente o progresso do processo – assim como fizemos com suas metas pessoais, lembra? Só que, para a empresa, isso envolve o estabelecimento de métricas e indicadores-chave de desempenho – também conhecidos como KPIs (do inglês *Key Performance Indicators*) – para avaliar o avanço, verificando se os resultados planejados estão sendo alcançados mês a mês. Nessa etapa, é importante realizar revisões periódicas, pois elas permitem identificar desafios e obstáculos ao longo do caminho. Vale lembrar que, quando você busca uma meta audaciosa, é inevitável encontrar dificuldades no percurso. Portanto, se uma das metas menores não for atingida, é essencial ajustar a estratégia para que isso não atrapalhe a longo prazo. Eu diria que o quarto passo é um dos mais importantes, porque quando você está atento ao progresso e aos desafios, é possível tomar medidas corretivas se necessário, mantendo-se no caminho para o sucesso.

Passo 5

O quinto passo consiste em incentivar os colaboradores à ação e à inovação. É fundamental promover uma cultura organizacional que valorize a colaboração e estimule a geração de ideias inovadoras de longo prazo. Muitas vezes, estamos acostumados a focar em objetivos de curto prazo, por isso é necessário cultivar a participação ativa de todos os membros da equipe. Nesse sentido, é importante criar um ambiente onde os funcionários se sintam encorajados a contribuir com suas ideias e perspectivas. Isso pode ser alcançado por meio de iniciativas como programas de incentivo à inovação, de sessões regulares de *brainstorming* (ou um temporal de palpites, como eu gosto de chamar!) e da promoção de uma cultura de feedback construtivo. Quando você reconhece e recompensa as contribuições dos colaboradores para o alcance da meta audaciosa e supercabeluda, é possível inspirar maior engajamento e criatividade em toda a organização.

Passo 6

O sexto passo fundamental é saber se adaptar e ajustar os planos conforme necessário. É essencial manter a flexibilidade para fazer mudanças estratégicas diante de novas informações ou desafios inesperados. Por exemplo, se a missão inicial de sua empresa era reduzir as emissões de CO_2, mas ocorreram avanços tecnológicos que tornaram a produção de carros com bateria uma opção mais viável e eficaz, você não deve ir contra uma inovação que claramente mudará o mercado; na verdade, precisa estar aberto às mudanças para ajustar os planos em conformidade. Saiba que uma meta audaciosa levará anos para ser conquistada, portanto sempre demandará ajustes ao longo do caminho. Estar aberto a mudanças estratégicas permite superar obstáculos de maneira mais simples sem sair do rumo em direção ao objetivo final. Portanto, é importante cultivar uma mentalidade adaptável e estar disposto a revisar e modificar os planos sempre que necessário.

Passo 7

O sétimo e último passo é saber celebrar as conquistas alcançadas. Não espere anos para alcançar sua meta audaciosa e supercabeluda sem celebrar os pequenos passos que levarão você e sua empresa até lá. Se uma das metas fracionadas era, por exemplo, ganhar 1% de participação de mercado ou abrir dez lojas em um único ano, é fundamental reconhecer e celebrar, porque são marcos significativos e foram atingidos graças à muita dedicação e empenho. Além disso, essa atitude reforça a importância do progresso em direção à meta audaciosa e supercabeluda. Ao reconhecermos e celebrarmos as conquistas, não apenas motivamos e inspiramos a equipe, mas também criamos um senso de realização e orgulho pelo trabalho árduo e pela dedicação em prol do alcance desses objetivos. Reserve um tempo para celebrar os sucessos ao longo do caminho!

Em suma, a implementação bem-sucedida de uma meta audaciosa e supercabeluda requer um compromisso contínuo com cada um dos sete passos descritos. Vale lembrar que ninguém consegue alcançar uma meta dessas por conta própria, portanto a chave para o sucesso reside na consistência, na comunicação aberta, no engajamento ativo da equipe e na flexibilidade para juntos ajustar os planos conforme necessário. Ao seguir esses passos e cultivar uma cultura organizacional que valorize a inovação, a colaboração e o reconhecimento das conquistas, é possível impulsionar o progresso em direção à meta audaciosa e supercabeluda. Além disso, através da prática consistente desses princípios, é possível não apenas estabelecer, mas também alcançar e superar as metas fracionadas que antes pareciam inalcançáveis, transformando visões ambiciosas em uma realidade tangível. Portanto, mantenha-se comprometido com o processo, celebre cada conquista com sua equipe e prossiga com determinação, pois é assim que se concretiza a jornada em direção ao extraordinário.

No QR Code a seguir, você encontra uma planilha para ajudá-lo a acompanhar o percurso até uma meta audaciosa e supercabeluda.

Lembre-se: alcançar uma meta audaciosa requer tanto uma mentalidade positiva e de longo prazo quanto uma ação intencional e estratégica. Sonhe, mas não deixe de pôr a mão na massa, pois seu foguete não chegará à Lua sozinho!

CAPÍTULO 7

INTELIGÊNCIA 3: CONSTRUA SEU DREAM TEAM (EQUIPE DOS SONHOS)

Vamos agora falar sobre a importância de construir uma equipe dos sonhos? A verdade é que, quando se trata de construir uma empresa e uma vida profissional, ninguém consegue fazer absolutamente nada sozinho. **O jogo do crescimento sempre é jogado no coletivo**, e dificilmente encontramos alguém que tenha obtido muito sucesso – pensando em metas audaciosas – no individual. Se você parar para pensar bem, verá que nem mesmo os artistas mais talentosos do mundo chegaram onde chegaram sem apoio e suporte de uma grande equipe. Eles podem até carregar a fama sozinhos, mas definitivamente não alcançaram o topo sem o auxílio de um dream team.

Então, como fazer para escolher bem as pessoas que acompanharão sua jornada e ajudarão a impulsionar seu sonho? Construir esse dream team é uma arte multidisciplinar. Não dá para contar com a sorte, como muitos acham. É preciso ter intenção por trás das escolhas que você faz quando contrata pessoas, pois o talento excepcional de cada uma delas, quando reunidos, é o que move toda uma empresa em direção a um objetivo em comum: sua meta audaciosa e supercabeluda.

Muitos gestores ainda acreditam que algumas posições dentro de uma empresa podem não ser tão importantes quanto outras e que está "tudo bem" contratar alguém menos qualificado ou que não tenha tanto assim o perfil da empresa. Estou aqui para dizer que esse é um grande erro; é extremamente importante selecionar pessoas em quem você possa confiar, independentemente das atribuições e responsabilidades que serão assumidas por elas. Por trás das habilidades técnicas que buscamos nos profissionais, é fundamental compreender quem são os seres humanos ali: no que acreditam, o que valorizam, como é o caráter deles e como é sua vontade de crescer.

Quando digo que é necessário pensar na intenção por trás das escolhas, refiro-me a ter em conta sempre o coração da empresa: o propósito, sobre o qual tanto temos falado aqui. Você tem de saber exatamente para qual função está contratando aquela pessoa, mas pensando que ela precisará evoluir com a empresa à medida que você começar a dar voos mais altos; se ela não souber carregar o propósito da empresa em tudo que fizer, não dará seu melhor. Se isso não estiver claro na cabeça do gestor ou do líder encarregado de um recrutamento, a decisão final pode atrapalhar consideravelmente os planos para alcançar sua meta ambiciosa.

Trago um exemplo: quando trabalhei como operador de telemarketing no Bradesco, eu vendia títulos de capitalização. É difícil enxergar um propósito para isso, certo? Convenhamos que ninguém acorda supermotivado de manhã para trabalhar nisso. E de onde eu tirava motivação para fazer o que era preciso? Em primeiro lugar, eu tinha objetivos e metas pessoais que queria alcançar (o que já dizia muito sobre mim); em segundo, eu fazia parte de um time que tinha como meta ajudar pessoas e empresas brasileiras a terem uma qualidade de vida melhor por meio de investimentos. Nossos gestores constantemente nos lembravam o que estava por trás da venda de um título e, assim, toda a equipe tinha clareza sobre as metas que precisavam ser atingidas e o propósito maior de fazer o que fazíamos. Repare que a mensagem essencial da empresa

“É SEMPRE PREFERÍVEL ESCOLHER ALGUÉM COM INTEGRIDADE E QUE PODE SER TREINADO A ALGUÉM COM PERSONALIDADE DESAFIADORA E QUE NÃO SE PERMITE EVOLUIR E CRESCER PARA UM MESMO OBJETIVO.

AS 7 INTELIGÊNCIAS DA EXPANSÃO DE NEGÓCIOS
@DEMAOLIVEIRAOFICIAL

era sempre comunicada e reforçada; mas, do outro lado, era preciso que os profissionais da equipe também tivessem alguns atributos essenciais para alcançar os objetivos da empresa.

Pensando nisso, reuni os quatro pilares que julgo fundamentais para avaliar em um profissional durante um processo de recrutamento: **caráter, equilíbrio emocional, relação com o sagrado, e testes e referências anteriores**. Repare que aqui não pretendo avaliar as competências técnicas, já que isso pode variar muito a depender da área de atuação de cada empresa. No entanto, independentemente do segmento, é sempre preferível escolher alguém com integridade e que pode ser treinado a alguém com personalidade desafiadora e que não se permite evoluir e crescer para um mesmo objetivo.

4 PILARES DO RECRUTAMENTO

1. Caráter

Avaliar o caráter de alguém nunca é uma tarefa simples e fácil, e é claro que você não será capaz de conhecer a fundo um candidato em entrevistas e testes durante um processo seletivo. Contudo, há algumas técnicas que podem ser usadas para entender melhor a visão de mundo da pessoa e se, de alguma maneira, essa visão entra em conflito com o que você busca para um membro de sua equipe dos sonhos.

- **Experiências anteriores**: avaliar o histórico profissional do candidato deve ir muito além do que está no currículo e das atribuições delegadas a ele. Procure saber como ele se sentia em relação ao que fazia, com quais atividades tinha mais afinidade, quais responsabilidades eram mais desafiadoras, quais ambições tinha e o que de fato conquistou enquanto esteve em outras empresas. Peça detalhes e procure compreender de que maneira esse candidato contribuía para as conquistas da empresa ou equipe.

- **Comportamento diante de adversidades**: durante as entrevistas, é importante fazer perguntas que permitam ao candidato compartilhar exemplos de situações desafiadoras que enfrentou no passado e como se sentiu ao lidar com elas. Pergunte sobre como se comportou em situações de estresse, pressão e conflito, pois as respostas podem oferecer insights valiosos sobre sua integridade, resiliência e capacidade de tomar decisões éticas. Lembre-se de que, para alcançar metas audaciosas e supercabeludas, será necessário lidar com obstáculos, e você precisa ter certeza de que os membros de sua equipe estarão dispostos e aptos a lidar com imprevistos e modulações.

- **Habilidade interpessoal**: a maneira como um candidato interage e se comunica com outras pessoas durante o processo de seleção também pode revelar muito sobre seu caráter. Procure estar atento à capacidade de escuta, colaboração e respeito pelos demais candidatos, afinal isso pode determinar se essa pessoa tem as habilidades interpessoais necessárias para se tornar um membro valioso de sua equipe dos sonhos.

A questão fundamental é pensar como as perguntas podem ajudar a entender melhor os desafios que uma pessoa enfrenta durante a jornada de trabalho. Ao escolher alguém para integrar minha equipe, procuro compreender sua personalidade e seus valores para garantir que estejam alinhados com a cultura da empresa. Para montar um dream team, é essencial encontrar pessoas que estejam dispostas a investir energia extra quando necessário. Não podemos nos dar ao luxo de ter alguém que encare o trabalho apenas como um meio de ganhar dinheiro. Se uma pessoa entra e sai no horário sem demonstrar flexibilidade ou comprometimento, isso é um sinal de alerta para mim. Afinal, sei que, quando surgir um desafio maior ou problema, não poderei contar com esse profissional.

2. Equilíbrio emocional

Saber avaliar o equilíbrio emocional de um candidato também é um ponto importante, pois complementa a avaliação de caráter. Às vezes, alguém pode ter o caráter, o conhecimento técnico e o perfil desejado, mas estar passando por profundos desafios emocionais capazes de comprometer a entrega no campo profissional. Por isso, costumo fazer perguntas específicas também para avaliar o estado emocional dessa pessoa.

- A que tipo de filme ou série você tem assistido?
- Qual livro está lendo neste momento?
- O que deixa você chateado hoje?
- O que você faz para relaxar e se acalmar quando está sobrecarregado?
- Existe algo, neste momento, que esteja causando preocupação ou ansiedade em sua vida?

- Como você costuma manter o otimismo e a positividade mesmo diante de desafios?
- O que costuma trazer alegria para sua vida?

Essas perguntas proporcionam alguns insights sobre o estado emocional, e é interessante perceber que, como geralmente os candidatos não hesitam em compartilhar, são sinceros nas respostas. Nesse contexto, se percebo que alguém está lidando com questões emocionais muito sérias – como um luto ou problemas de relacionamento –, a ponto de isso poder afetar o desempenho no trabalho, avalio se vale a pena considerar essa pessoa para a equipe. Repare que não a julgo como inadequada, mas reconheço que talvez o momento em questão não seja o ideal para ela se dedicar a um projeto que exige um grau alto de envolvimento. É importante que cuide de si mesma antes de se engajar em novos desafios profissionais.

3. Relação com o sagrado

Outro ponto que considero fundamental para saber se alguém se encaixa em minha equipe dos sonhos é a relação com o sagrado – aprendi a respeitar muito a fé e o quanto essa relação é valiosa em um ser humano.

A fé transcende os limites de uma religião, é uma convicção profunda naquilo que não é tangível aos olhos – algo absolutamente importante quando pensamos em alcançar uma meta tão grande e a longo prazo. Por isso, em um dream team, é crucial que cada membro esteja consciente de seus próprios limites e confie na força da fé para prosseguir. Essa confiança na fé não apenas fortalece os laços entre os membros da equipe, mas também serve como um alicerce para superar desafios e alcançar objetivos em comum.

Lembro de um processo de recrutamento que me marcou bastante nesse sentido. Eu precisava contratar um novo estagiário para a equipe da Samsung e, para ser sincero, as tarefas e atribuições que seriam de responsabilidade desse novo membro pareciam exigir um verdadeiro milagre. Então, ao longo do processo, passei a perguntar a todos os candidatos se eles acreditavam em milagres, como em uma elucubração. Parece uma brincadeira ou pergunta simples, mas ela revela muito sobre a mentalidade e a disposição de alguém. A maioria dos candidatos respondeu que não, e um dos candidatos que expressaram sua crença em milagres está até hoje na empresa, a caminho de se tornar um diretor.

O que quero que você perceba nessa história é que a relação com a fé e a capacidade de acreditar no intangível demonstram uma mentalidade aberta e uma disposição para superar desafios. Foi necessário um verdadeiro milagre para que ele desempenhasse as responsabilidades de um time inteiro como estagiário. E isso ilustra como a fé, os sonhos e os desejos podem ser elementos poderosos na construção de uma equipe excepcional.

4. Testes e referências

Depois de avaliar caráter, equilíbrio emocional e relação com o sagrado, é interessante buscar testes que validem as habilidades técnicas, mas também indiquem mais sobre o perfil comportamental ou de personalidade do candidato. Por exemplo, gosto muito de aplicar o método DISC (do inglês *Dominance*, *Influence*, *Steadiness* e *Conscientiousness*), um tipo de teste comportamental que ajuda a compreender o perfil dos candidatos com base em quatro dimensões: dominância, influência, cautela e estabilidade. Assim, caso esteja buscando alguém para uma equipe de vendas, procuro pessoas que tenham um perfil comportamental influente; por outro lado, se estiver buscando um profissional para desempenhar uma função altamente técnica, talvez um perfil de estabilidade seja mais adequado. Além do método DISC, há muitas outras ferramentas capazes de identificar diferentes habilidades e características, por isso é interessante aplicar uma que esteja alinhada com seus objetivos. O importante é encontrar maneiras de validar o que já percebemos ao longo do processo de recrutamento e avaliação.

E mesmo quando um candidato parece "perfeito" no papel, sempre procuro aplicar um teste prático. Por exemplo, se estou contratando um designer, peço que faça um teste em sua própria casa, utilizando seu próprio equipamento e tempo. É claro que, em empresas maiores, alguns candidatos precisam fazer esse teste *in loco*, mas é fundamental pedir que realizem testes específicos, como de um design ou uma planilha em Excel, para demonstrar a qualidade do trabalho.

Já sei o que você deve estar pensando: *Mas, Dema, e se você estiver contratando um diretor? Você ainda pedirá um teste?* Talvez sim, talvez não, mas posso pedir um plano de estratégias fictício para a direção desse candidato em um caso de negócios. E quando não é viável realizar um teste – por qualquer motivo que seja –, o que costumo fazer é solicitar três referências de líderes anteriores em diferentes trabalhos. Surpreendentemente, ninguém se recusa a fornecer essas referências, e a maioria das pessoas presume que todas as três vão falar bem delas. No entanto, o que acontece é que líderes se compreendem, e a verdade é revelada quando ligo para esses ex-empregadores, já que costumam compartilhar informações valiosas e sinceras sobre as habilidades e os pontos fracos do candidato. Portanto, esses quatro pilares do recrutamento me ajudam a tomar decisões embasadas ao integrar alguém à equipe, seja para um novo membro ou para um cargo mais alto.

PIP, DEMISSÕES E MUDANÇAS NA EQUIPE

Será que contratar pessoas talentosas, habilidosas, com caráter e valores similares aos seus garante automaticamente o sucesso de sua empresa e um crescimento exponencial? É claro que não. Depois de recrutar bons profissionais, é preciso treiná-los, para que incorporem o trabalho e a cultura empresarial, e desenvolver um plano de melhoria de desempenho – PIP (do inglês, *performance improvement plan*) –, caso eles não correspondam às expectativas ou seja necessário aperfeiçoar o desempenho daqueles que já atuam na empresa.

Muitas vezes, ao longo do meu trabalho de consultoria, encontro empresas que já estão em funcionamento, mas que percebo terem começado de maneira equivocada. Contrataram indivíduos que não se alinham com o propósito da empresa e não consideraram a importância disso. Então, para criar um ambiente coeso, a primeira etapa é estabelecer um propósito claro à sua equipe, para corrigir o processo de contratação e retificar o que não estiver com bom desempenho.

Independentemente do tamanho da empresa, seja ela composta de cinco ou trezentos funcionários, precisamos aplicar uma avaliação geral de modo a compreender o cenário. É claro que não é possível reaplicar os pilares descritos anteriormente a todos os funcionários já contratados. Portanto, o que costumamos fazer é uma avaliação 360°; ou seja, coletamos feedbacks de todos os membros da equipe sobre cada indivíduo que pertence ao time. Isso nos permite avaliar quem está alinhado com os propósitos da empresa e quem não está.

Essa análise pode ser desafiadora, mas é fundamental para identificar quem tem potencial para crescer na equipe e quem precisa melhorar. Se houver áreas a serem aprimoradas, implementamos um PIP, que costuma ser composto da seguinte maneira: 70% de aspectos comportamentais e 30% de resultados. E isso vale para qualquer tamanho de empresa. Mesmo um pequeno empresário, como o dono de uma sorveteria, por exemplo, com apenas dois funcionários, precisa implementar um PIP. Ele deve discutir pessoalmente com cada funcionário quais comportamentos precisam ser ajustados e quais resultados devem ser alcançados.

Assim como fizemos anteriormente com as metas individuais e as metas da empresa, é importante definir metas e objetivos claros a serem alcançados pela equipe e, de preferência, em um prazo curto; afinal, o que não estiver funcionando bem requer correção imediata. Cada membro receberá suas responsabilidades e precisará desenvolvê-las ao longo do período de PIP – costumo sugerir que seja feito em até três meses. Após três meses dessa implementação, se não houver melhoria, é hora de considerar outras alternativas para as tais posições.

Nunca é fácil falar sobre demissões e mudanças na equipe, por isso julgo fundamental trazer informações sobre esse assunto quando se trata da construção de seu dream team. Durante o PIP, você precisará dar feedbacks coletivos e individuais; caso identifique questões éticas ou comportamentais graves, precisa agir imediatamente, pois são pontos impassíveis de correção. Por exemplo, se um colaborador não aceita liderança ou costuma falar mal da empresa, isso prejudica o restante da equipe no coletivo.

Três meses costumam ser suficientes para saber se um colaborador é capaz de melhorar ou não. Portanto, se ao longo desse processo – que deve ser acompanhado de perto – você não vir evolução, saiba que já pode começar a abrir um novo processo seletivo para aquela função. Vale adicionar que, se a empresa é pequena, quem deve desenvolver o PIP é o dono; se estamos falando de uma empresa maior, o PIP deve ser desenvolvido e aplicado pelos líderes de cada departamento – por exemplo, gerentes ou diretores. Lembre-se: se um líder não é capaz de ter uma empresa de alto desempenho e não pensa no coletivo, pode acabar destruindo o negócio como um todo. O ato de manter um colaborador ruim em uma posição errada prejudica toda a organização: os clientes, os funcionários, os fornecedores e a empresa em si.

Se, de fato, for necessário seguir com uma demissão, é importante que esse ato não seja uma surpresa para o colaborador. Afinal, se você mencionou os problemas que precisavam de resolução e deu o tempo para que eles fossem corrigidos, você fez o que estava a seu alcance para ajudar esse colaborador a melhorar. Certamente, demissões precisam ser realizadas com empatia e respeito, mas não podem ser um momento de acompanhamento ou feedback – devem ser assertivas e diretas.

FORMAÇÃO DO DREAM TEAM

Mas vamos à parte boa da equipe que, agora, está com você em direção à sua meta audaciosa e supercabeluda. Depois de finalmente ter contratado um grupo de pessoas talentosas, iniciar a formação para transformá-las em um dream team requer um planejamento estratégico e uma abordagem centrada no desenvolvimento individual e coletivo.

Fase 1

Antes de mais nada, é essencial estabelecer uma visão clara e compartilhada do objetivo da equipe, destacando os valores e as metas que orientarão o trabalho em conjunto. A formação deve ser adaptada às necessidades específicas de cada colaborador e equipe, fundamentada no perfil comportamental e nas habilidades técnicas que você testou e validou anteriormente. Então, ao perceber que alguém tem uma baixa influência, mas precisa exercê-la mais, a empresa deve oferecer cursos de aprimoramento para ajudá-lo a melhorar nesse aspecto. Vou dar um exemplo: recentemente estava contratando um vendedor para a área de busca de patrocínio. O profissional era extremamente competente e estável, passou em todos os outros critérios que eu buscava, mas seu nível de influência me deixou em dúvida. Então, antes mesmo de ele entrar na equipe, sugeri que participasse de um curso para desenvolver suas habilidades de *networking*. Encontrei um curso on-line de qualidade e o inscrevi. Esse é um exemplo de aprimoramento técnico.

Às vezes, você pode encontrar alguém com um bom caráter, o comportamento esperado e as habilidades emocionais adequadas, mas com um conhecimento técnico de apenas 70%. Nesses casos, eu financio um curso técnico para ajudar a pessoa a melhorar em áreas específicas, como fiscal e tributário, por exemplo. E esse é o primeiro passo para treiná-la; o segundo é o que eu chamo de "carona", que você vai entender agora.

Fase 2

Normalmente, após o recrutamento, as pessoas já começam a trabalhar imediatamente, colocando a mão na massa no que devem fazer. O que eu gosto de fazer é reservar pelo menos uma semana para um período de "carona", no qual converso com todos os funcionários da empresa, inclusive fornecedores, e apresento o novo colaborador para que ele conheça o ambiente da empresa antes de começar.

Talvez você esteja pensando: *Dema, mas isso não é possível em uma loja de shopping*. Talvez não seja, mas você pode fazer algo similar. O termo "carona" significa usar um crachá de treinamento e acompanhar um vendedor mais experiente, por exemplo; a ideia é que o colaborador possa aprender com quem já faz a atividade. Esse é um aspecto crucial da formação. Para criar um dream team, é muito importante que um novo diretor, que assumirá determinada área, trabalhe ao lado de um diretor mais experiente, e assim por diante. Vale lembrar que, nesses casos, é preciso evitar alguém que esteja em processo de PIP de recuperação (PIP focado em salvar um colaborador que está em vias de ser demitido) para acompanhar esse novo colaborador, pois isso pode prejudicar o aprendizado antes mesmo de ele começar.

Fase 3

Após essa fase, seguimos para a "mão na massa", quando todos estão cientes das estatísticas e do que precisa ser feito. O aprendizado prático é muito mais eficaz do que apenas assistir ou tentar aprender sozinho. Portanto, isso é algo que implemento imediatamente; quem entra recebe logo um novo projeto para desenvolver. Certamente a pessoa que ingressa precisa de acompanhamento mais próximo, mas divido isso de duas formas: se a função tem baixa especialização, deve haver alta padronização; se a função é altamente especializada, deve haver baixa padronização. Por exemplo, um diretor do Google não precisa de muitos processos; ele sabe o que deve fazer. Por outro lado, um operador de telemarketing necessita de diversos processos, como horários de entrada e saída. Esse tipo de avaliação é importante e, uma vez que isso é feito, o próximo passo é criar um plano claro para que o colaborador, seja ele um operador de telemarketing ou um diretor de vendas, saiba o que fazer. Quem entra deve ter projetos definidos e metas mensuráveis.

Acompanhamento

Já o gestor deve acompanhar esse progresso de perto; para isso, é importante realizar reuniões de status pelo menos uma vez por semana para monitorar os projetos. Já adianto: se você quer mesmo ter um dream team, não funciona fazer essas reuniões uma vez por mês; é preciso acompanhamento semanal, a menos que contrate alguém para fazer isso por você. Eu, por exemplo, como já não tenho tempo para reuniões semanais, contratei um gerente para liderar esses encontros e me atualizar a cada quinze dias sobre os projetos em andamento.

O dream team e a meta audaciosa e supercabeluda

Uma vez definidos os projetos e as metas, organizamos tudo em uma planilha de Excel – e, assim como nos capítulos anteriores, deixarei aqui um QR Code para que você possa acompanhar essa etapa. Gosto de dividir as metas da empresa em três pilares: a meta audaciosa e supercabeluda; a meta anual, que pode ser revisada a cada doze meses; e a meta individual de cada colaborador. Todos os colaboradores devem ter acesso a essas três metas. E, na planilha, analisamos o desempenho em relação a elas.

Um ponto importante é: toda grande meta alcançada deve ser recompensada com algum tipo de comissão ou bônus dependendo do cargo e da área. Na minha empresa, por exemplo, as metas anuais, se alcançadas, garantem um bônus para todos os colaboradores, além de uma viagem internacional com acompanhante. Para as metas audaciosas e supercabeludas, o prêmio deve ser ainda maior. Se as metas mensais forem atingidas, o colaborador recebe uma comissão conforme seu cargo e sua área de atuação. Assim, procuramos dividir as metas em três níveis de desafio, garantindo que cada colaborador seja recompensado de acordo com seu desempenho e sua contribuição para a empresa.

Para concluir, tenha em mente que sua empresa deve ser uma daquelas em que todos gostariam de trabalhar, portanto crie um ambiente atrativo. Empresas que alcançam um maior desenvolvimento possuem uma cultura de influência entre os colaboradores e adotam uma gestão descentralizada, delegando poder aos membros da equipe. O verdadeiro dream team é formado por líderes que se dedicam plenamente para que a organização atinja seus objetivos.

CAPÍTULO 8

INTELIGÊNCIA 4:
ANDE UMA MILHA EXTRA

"E, se alguém te obrigar a caminhar
uma milha, vai com ele duas." (Mateus 5:41)[20]

Costumo dizer que Cristo foi um dos maiores líderes globais, um tão excepcional que separou a contagem de tempo para antes e depois dele. Por isso, gosto muito de alguns provérbios da Bíblia e os carrego comigo em minhas ações com bastante convicção. A expressão "*walk an extra mile*" ("ande uma milha extra", em tradução livre) é muito comum nos Estados Unidos e usada em referência ao versículo que abre este capítulo.

Andar uma milha extra significa fazer mais do que o necessário ou o esperado por alguém, geralmente para demonstrar boa vontade ou alcançar algum objetivo com excelência. E por que acredito tanto nesse empenho a mais?

Quando comecei a me dar conta do quanto eu era capaz de crescer em minha carreira – como empresário ou funcionário –, passei a me questionar sobre o fator-chave para esse sucesso. À medida que eu avançava, percebia que se tratava não apenas de inteligência, mas principalmente de energia e empenho. Já comentei antes que uma das frases que mais costumo dizer é que **o esforçado sempre ganha do inteligente, mas o inteligente e esforçado se**

20. BÍBLIA SAGRADA ONLINE. Disponível em: https://www.bibliaonline.com.br/acf/mt/5. Acesso em: 14 mar. 2024.

torna imbatível. Quando aplico isso às empresas de maior sucesso e aos empresários mais bem-sucedidos, o que vejo confirma tal ideia: aqueles que conquistam grandes feitos atribuem uma carga enorme a esse esforço adicional.

A verdade é que, por mais fé que possamos ter, nada acontece sem empenho e trabalho. É um princípio bíblico: "No suor do teu rosto, comerás o teu pão" (Gênesis 3:19).[21] Portanto, é preciso suar para conquistar algo; e, no mundo dos negócios, a conquista nunca vem sem esse esforço extra. Toda jornada é marcada por desafios, obstáculos e, acima de tudo, trabalho árduo.

O fator principal do conceito de andar uma milha extra deve estar presente em cada pessoa em uma empresa. Seu dream team deve ter a mesma atitude do líder, uma mentalidade que envolve a visão intrínseca de sempre superar as expectativas, buscando ir além do que é estritamente solicitado. Andar uma milha extra é uma abordagem que deve permear a cultura organizacional, impulsionando todos os membros da equipe a se esforçarem continuamente para alcançar um nível de excelência que transcenda as demandas básicas. Além de refletir um compromisso com a qualidade e a satisfação do cliente, essa postura representa um alto nível de desempenho que eleva constantemente os padrões internos e externos da empresa.

Quando você incorpora esses princípios e valores à essência de sua empresa, o resultado é uma entrega que ultrapassa as expectativas. É como se você constantemente superasse o esperado, elevando o padrão do que é considerado normal. Esse compromisso com a excelência não apenas fortalece sua marca, mas também cria uma base sólida para o crescimento exponencial e o alcance das metas

---

21. BÍBLIA SAGRADA ONLINE. Disponível em: https://www.bibliaonline.com.br/acf/gn/3. Acesso em: 14 mar. 2024.

audaciosas. Afinal, quando você se dedica a entregar mais do que o previsto, é quase inevitável colher os frutos do sucesso.

Quando começamos a trabalhar – como empreendedor ou funcionário –, repare que, a todo o momento, somos desafiados a fazer mais e mais coisas. Todos os dias as demandas e os desafios parecem aumentar, exigindo de nós esse esforço adicional para dar conta de tudo. Contudo, para aplicar verdadeiramente o princípio da "milha extra", é fundamental compreender a importância da organização. Afinal, você só consegue andar uma milha extra se estiver carregando menos peso.

Jesus, ao enviar seus discípulos de cidade em cidade, encorajou-os a viajar sem bagagem, desafiando-os a confiar que as necessidades básicas seriam atendidas ao longo do caminho e que as pessoas compartilhariam o que comer, o que vestir e onde dormir. Essa sabedoria transcende os séculos e nos ensina que, para avançar rapidamente, precisamos viajar com leveza. Só que isso não significa deixar tarefas por fazer ou fazê-las de qualquer maneira, só para avançarmos para a próxima. Em outras palavras, a chave para percorrer uma longa jornada – como a de quem desejar crescer exponencialmente – é dominar a arte da organização.

A seguir, exploraremos o conceito de organização a partir das quatro etapas da gestão de tempo.

4 ETAPAS DA GESTÃO DE TEMPO

Etapa 1

Primeiramente, quero trazer a importância da gestão das atividades. No contexto profissional, as atividades são tarefas que você precisa realizar em um prazo curto. Isso pode incluir desde fazer uma ligação para alguém, por exemplo, até entregar um relatório. São ações pontuais que demandam atenção imediata.

Etapa 2

Em seguida, é preciso saber administrar projetos. Um projeto abrange uma série de atividades interligadas, envolvendo diferentes áreas, períodos e recursos. Por exemplo, criar o site de uma empresa demanda a coordenação de diversos elementos, como fornecedores, orçamento e estratégia de marketing. Cada projeto é um desafio multifacetado que requer um planejamento detalhado e uma execução coordenada.

Etapa 3

A terceira etapa consiste na gestão de reuniões ou eventos recorrentes, atividades que ocorrem regularmente e fazem parte da rotina de qualquer pessoa, ainda que possam variar – por exemplo, reuniões semanais de acompanhamento, sessões de treinamento ou compromissos pessoais, como ir à academia ou participar de uma sessão de terapia. Ou seja, qualquer evento que inevitavelmente precisa fazer parte de sua agenda, mesmo que não aconteça no horário de trabalho. Organizar essas atividades recorrentes de maneira eficiente é essencial para manter uma agenda equilibrada e produtiva.

Etapa 4

Uma vez identificadas e categorizadas essas atividades, o próximo passo é transferi-las para uma agenda. Eu sempre recomendo utilizar algum tipo de ferramenta de gestão de tempo, como o Google Agenda, o calendário da Apple ou até mesmo uma agenda de papel, se você preferir. O importante é ter uma plataforma em que você possa visualizar todas as suas demandas. Quando você transfere suas atividades para a agenda, consegue visualizar de maneira clara e organizada as tarefas e os compromissos ao longo do tempo.

Vale lembrar que é importante revisitar sua agenda regularmente para garantir que todas as atividades estejam atualizadas e organizadas. Algumas pessoas preferem adiantar o planejamento, agendando atividades com antecedência, enquanto outras preferem revisar diariamente e ajustar conforme necessário. O fundamental é encontrar um método que funcione para você e o ajude a se manter consistente.

Outro ponto que merece destaque, considerando que vivemos em um mundo moderno e cada vez mais conectado, é saber gerenciar suas mensagens instantâneas, como as recebidas via WhatsApp, de modo eficiente – ainda mais se você usa essa ferramenta para falar com clientes e fornecedores. Diariamente, é recomendável verificar se há alguma atividade ou um compromisso mencionado nessas mensagens e transferi-los para sua agenda. Isso ajuda a evitar que informações essenciais se percam em meio a conversas informais ou irrelevantes.

E talvez você esteja pensando: *Dema, será que devo separar o telefone pessoal do profissional?* Creio que você deve encontrar o que funciona melhor para seu caso e sua demanda. Enquanto alguns optam por manter contatos e comunicações separados, outros preferem consolidar tudo em um único dispositivo. O importante é estabelecer limites claros e garantir que as distrações pessoais não interfiram em seu desempenho profissional.

Uma organização eficaz envolve a identificação e a categorização de todas as atividades que você realiza, portanto o uso de ferramentas adequadas de gestão de tempo e a habilidade de priorizar e delegar tarefas conforme necessário será fundamental para que você consiga dar o melhor de si e andar uma milha extra. E antes que você pense que essa é uma habilidade que precisa ser encontrada durante o recrutamento de seu dream team, quero lembrar que tal mentalidade reflete a postura de um verdadeiro líder e serve de inspiração para toda a cultura da empresa.

Para mim, um exemplo notável disso é João Adibe Marques, CEO da farmacêutica Cimed que hoje soma mais de 3 milhões de seguidores em sua conta pessoal no Instagram. Ele é um indivíduo incansável, que personifica a dedicação e a paixão pelo crescimento empresarial e, se você prestar bem atenção em suas postagens, verá o quanto ele ressalta a importância do esforço. Sua presença ativa nas redes sociais e sua determinação em levar a Cimed a novos patamares demonstram o quanto o sucesso está ligado à capacidade de andar uma milha extra. É uma cultura que se desenvolve de cima para baixo.

As pessoas que trabalhavam com Ayrton Senna enfrentavam desafios consideráveis no dia a dia, pois ele era um indivíduo de desempenho excepcional. Senna compreendia a importância da mecânica e do desempenho automobilístico, mas também de um alto nível de energia física, mental e psicológica para vencer as corridas. E ele exigia essa mesma energia de sua equipe. Se alguém não compartilhasse o compromisso com a excelência, ele simplesmente não o incluía em seu time.

Um exemplo disso em minha empresa é o ambiente que promovo na equipe. Quando as pessoas entram para trabalhar comigo, se estão acima do peso, por exemplo, incentivo-as a adotar um estilo de vida mais saudável. Isso envolve não apenas a prática de exercícios, mas também o cuidado com a saúde mental, como a sugestão de passar a frequentar terapia quando necessário, por exemplo. É importante procurar equilíbrio pessoal para ter a energia extra de que você precisa para fazer um esforço a mais.

Recentemente, tivemos um caso de um novo membro da equipe que, desde que começou conosco, tem se empenhado em perder peso, adotando hábitos mais saudáveis, como ir de bicicleta para o trabalho. Isso demonstra o impacto positivo que um ambiente de trabalho saudável pode ter na vida pessoal dos colaboradores. É essencial compreender que o ambiente de trabalho influencia diretamente na produtividade e no bem-estar. Se você, empresário ou empreendedor, não valoriza uma vida equilibrada, com hábitos saudáveis e tempo para a família e o cuidado da mente, isso inevitavelmente se refletirá no desempenho e na cultura organizacional de toda a sua empresa. Em um país onde a cultura corporativa nem sempre valoriza esses aspectos, é desafiador promover essa mudança.

Por isso acredito que é importantíssimo cuidar do ambiente de trabalho e das pessoas que o compõem. Precisamos estar cercados por indivíduos que nos inspirem e nos motivem a alcançar o melhor de nós mesmos. Essa busca pelo equilíbrio não apenas beneficia as pessoas individualmente, mas também impacta positivamente o ambiente de trabalho e a produtividade da empresa como um todo. E é claro que esse cuidado com o bem-estar também influencia no processo de contratação, visto que permite selecionar candidatos que compartilhem os mesmos valores e estejam alinhados com a cultura organizacional, facilitando a formação de uma equipe coesa e motivada a andar uma milha a mais.

Estar disposto a ir além é mais que uma atitude. É um estilo de vida. Não tente escapar dos problemas; decida abraçar o caos, pois é ele que nos dá experiência para estarmos preparados e termos um bom desenvolvimento de performance. Não fuja das situações ou tarefas difíceis; organize-as e tome uma atitude para resolvê-las. São elas que forjarão em você o caráter de um grande líder inspirador.

Escaneie o QR Code para ter acesso a conteúdos ricos, complementares ao material deste livro.

CAPÍTULO 9

INTELIGÊNCIA 5:
DESENVOLVA SUA CULTURA EMPRESARIAL

Afinal, o que é a cultura empresarial da qual tanto tenho falado nas últimas páginas? A cultura de uma empresa é composta do conjunto de valores, crenças, práticas e comportamentos que permeiam toda a organização. Além de definir a identidade da empresa, ela influencia diretamente na maneira como os colaboradores interagem, trabalham e se desenvolvem no ambiente corporativo. Aprender a estruturar sua cultura empresarial – com intenção e estratégia – é fundamental para que você possa moldar o ambiente de trabalho, promovendo produtividade, inovação e motivação para sua equipe dos sonhos.

Uma cultura empresarial forte é aquela que se manifesta de modo tão marcante que os indivíduos que nela operam são instintivamente guiados por seus preceitos. Isso cria um ambiente onde a adaptação à cultura organizacional se torna essencial para o sucesso individual e coletivo. Nesse cenário, os colaboradores se alinham naturalmente aos valores e objetivos da empresa, impulsionando a sustentabilidade do negócio e fortalecendo a permanência daqueles cujos princípios e habilidades estão em harmonia com a cultura que busca o crescimento e o alcance de metas audaciosas.

Além disso, uma cultura empresarial sólida atua quase como um filtro natural, atraindo e retendo os talentos certos, enquanto afasta aqueles profissionais que não se encaixam nos processos ou não compartilham dos mesmos valores. Essa seleção natural tanto contribui para o sucesso da empresa a longo prazo quanto promove um ambiente de trabalho mais harmonioso e motivador para todos os envolvidos. Afinal, de que adianta contratar um dream team se o ambiente não está de acordo com as intenções que você manifestou na contratação?

Investir na construção e no fortalecimento de uma cultura empresarial coesa não é uma questão de opção, mas uma **necessidade estratégica** para as empresas que almejam alçar grandes voos em um mercado cada vez mais competitivo. Uma cultura sólida não apenas define como a empresa é, mas também molda seu futuro e sua capacidade de crescimento, além de influenciar diretamente em seu desempenho e sua capacidade de adaptação às mudanças.

Muita gente ainda acha que o termo "cultura empresarial" é de responsabilidade somente do departamento de Recursos Humanos, ou algo relacionado às pessoas. Contudo, acredito que a cultura empresarial é a própria essência estratégica de uma empresa. É mais que somente um tópico a ser desenvolvido: é **o alicerce sobre o qual todas as outras estratégias são construídas**.

Se analisarmos profundamente, a cultura empresarial é como o DNA da organização. É o jeito de ser da empresa, de seus colaboradores, e até mesmo dos produtos e serviços oferecidos. Não é algo que precisa ser escrito em paredes ou apresentações em PowerPoint do departamento de Recursos Humanos, nem é o que o CEO empreendedor discursa em reuniões. Cultura é algo intrínseco, é a alma da empresa – o jeitinho de ser.

E nós, brasileiros, entendemos bem sobre esse "jeitinho de ser". Por exemplo, o jeitinho brasileiro é caracterizado por persistência, criatividade e atitude positiva diante dos desafios. No entanto, também reconhecemos que há aspectos negativos, como a tendência à procrastinação e à dificuldade de cumprir prazos. Assim como o brasileiro, cada cultura empresarial tem suas características distintas. Se perguntarmos sobre o

“

UMA CULTURA SÓLIDA NÃO APENAS DEFINE COMO A EMPRESA É, MAS TAMBÉM MOLDA SEU FUTURO E SUA CAPACIDADE DE CRESCIMENTO.

AS 7 INTELIGÊNCIAS DA EXPANSÃO DE NEGÓCIOS
@DEMAOLIVEIRAOFICIAL

jeitinho empresarial de um alemão, podemos esperar uma descrição de alguém mais direto e objetivo, enquanto o coreano é conhecido por sua ética de trabalho rigorosa e seu respeito pela hierarquia.

Assim, fica claro que a cultura empresarial não é apenas uma questão de palavras bonitas ou belos discursos. É o que define verdadeiramente uma organização e molda suas práticas diárias. É a partir dessa compreensão que podemos construir empresas fortes e sustentáveis no longo prazo.

Na Goshen Land, por exemplo, por sermos uma consultoria empresarial, preferimos trabalhar com pessoas empreendedoras, aquelas que já tiveram experiência em iniciar ou concluir negócios, até mesmo as que já enfrentaram falhas. Valorizamos também os intraempreendedores, aqueles dispostos a dedicar suas vidas em prol de projetos de alta qualidade. São indivíduos movidos por desafios, que não medem esforços para alcançar resultados excepcionais. Essa é nossa cultura; e, diferentemente das consultorias convencionais, buscamos operar de maneira mais próxima da mentalidade de alguém que é dono de um negócio.

Ao contrário de diversas consultorias tradicionais, que muitas vezes são criticadas por clientes insatisfeitos com a falta de resultados, nós buscamos uma abordagem mais alinhada com os interesses e as necessidades de nossos clientes. Valorizamos a excelência, a visão estratégica e a atitude proativa em todos os aspectos de nosso trabalho.

Sendo assim, primeiramente, é essencial definir seus valores de maneira clara – assim como eu defini os valores da minha empresa. Isso significa identificar os valores fundamentais da organização e comunicá-los de modo transparente e acessível a todos. Lembre-se que esses valores devem não apenas guiar o comportamento e as decisões dos colaboradores, mas também servir como filtro para a escolha de fornecedores e parceiros. E por quê?

Buscar fornecedores que compartilhem dos mesmos valores facilita a integração e o alinhamento cultural; além disso, demonstra ao cliente final que a empresa se importa com seus valores e defende aquilo em que acredita. Se os fornecedores não estiverem alinhados com nossos valores, isso pode impactar negativamente a imagem que a empresa deseja promover. Por exemplo, uma empresa de cosméticos veganos não deve buscar fornecedores que utilizem produtos de origem animal, pois isso iria contra os valores essenciais.

Ao contratar fornecedores, não avalie apenas as habilidades técnicas; observe se estão verdadeiramente dispostos a se alinharem a seu modo de operar. Isso pode incluir desde a necessidade de flexibilidade nos prazos até a adoção de padrões elevados e comprometimento com resultados audaciosos. Em resumo, a escolha de fornecedores deve ir além do preço ou das habilidades técnicas. Você deve valorizar aqueles que estão alinhados com sua cultura e demonstram disposição para colaborar de modo eficaz. Essa abordagem permite construir parcerias sólidas e duradouras, fundamentadas em valores compartilhados e compromisso mútuo com a excelência.

Mais um ponto essencial para se ter atenção ao implementar uma cultura empresarial estratégica é a comunicação aberta. Isso significa não apenas incentivar, mas também garantir uma comunicação transparente em todos os níveis da organização, o que pode envolver diversas práticas: desde reuniões regulares até grupos de trabalho no WhatsApp, por exemplo. Algumas empresas mais avançadas adotam até plataformas específicas que facilitam e incentivam a comunicação aberta, para que o progresso seja colaborativo.

Para ilustrar o que quero dizer, imagine uma rede de varejo com várias lojas físicas. Por que não estimular os funcionários de cada loja a compartilhar ideias, feedbacks ou preocupações? Quando você fomenta a comunicação aberta, cria um ambiente onde todos se sentem à vontade para contribuir.

Outro aspecto importante que deve ser trabalhado em uma cultura empresarial é o reconhecimento de realizações e recompensas por mérito. Estabelecer programas de reconhecimento é uma maneira eficaz de destacar e premiar o bom desempenho. Eu valorizo a meritocracia, sistema em que o reconhecimento não é distribuído uniformemente, mas sim com base no mérito individual. Por exemplo, ao atingir uma meta desafiadora, em vez de dar um bônus geral para todos, reservo o bônus para aqueles que realmente se destacaram nessa empreitada. Isso não apenas incentiva a excelência, mas também evita recompensar a mediocridade.

O reconhecimento e as recompensas fortalecem a conexão entre as realizações de cada pessoa e os objetivos da empresa. Por isso é tão importante celebrar e recompensar colaboradores pelo bom trabalho. E é claro que esses programas de recompensas podem ser estruturados de várias maneiras, desde bônus salariais até ajustes salariais para refletir o desempenho excepcional. Pensar em variedade é muito interessante quando falamos de reconhecimento e recompensas. Algumas ideias criativas incluem, por exemplo, programas de prêmios, como viagens ou experiências exclusivas, elogios públicos em reuniões da equipe, tempo livre adicional ou até mesmo oportunidades de desenvolvimento profissional – como cursos ou especializações.

Quando você adota uma abordagem abrangente para a comunicação aberta e o reconhecimento com recompensas, a empresa não apenas fortalece sua cultura, mas também motiva os colaboradores e promove um ambiente de trabalho positivo e engajador.

Mas, então, vamos lá. Como desenvolver essa cultura na prática? Pensando em todos os pontos que mencionei agora, compilei

7 pilares estratégicos da cultura empresarial, para que você possa começar a delinear e implementar a cultura que imagina para sua organização. Contudo, vale ressaltar que, antes de aplicá-los, você deve rever os valores essenciais – geralmente atrelados ao propósito – para garantir coerência e integridade no ambiente de trabalho.

7 PILARES ESTRATÉGICOS DA CULTURA EMPRESARIAL

1. Ambiente inclusivo e acolhedor

É fundamental criar um ambiente de trabalho onde todos se sintam valorizados e confortáveis para expressar suas ideias e opiniões – é assim que se promove a comunicação aberta. Isso engloba tanto a diversidade e a inclusão quanto a sinceridade e a abertura no diálogo. Em um ambiente inclusivo, os colaboradores se veem confortáveis para compartilhar ideias, mesmo que elas envolvam a possibilidade de erro e, assim, são incentivados a contribuir para a inovação e o crescimento da empresa.

2. Colaboração e trabalho em equipe

Promover a colaboração entre os departamentos e as equipes é essencial para o sucesso de qualquer empresa de sucesso. Isso pode ser feito através do desenvolvimento de projetos entre departamentos, treinamentos em conjunto, eventos sociais e outras iniciativas que incentivem a interação e a cooperação entre os membros de sua equipe dos sonhos. Aqui, uma ressalva: é importante evitar atividades sociais que não contribuam para o crescimento profissional ou para o fortalecimento do relacionamento entre os colaboradores.

3. Desenvolvimento profissional

Incentivar o aprendizado contínuo e o desenvolvimento profissional dos colaboradores é fundamental para mantê-los engajados e motivados. Isso pode incluir a oferta de treinamentos, workshops, cursos de desenvolvimento de habilidades e outras oportunidades de aprendizado que ajudem os colaboradores a crescerem em suas carreiras e a contribuírem ainda mais para o sucesso da empresa a partir dessa evolução individual.

4. Liderança exemplar

Conforme vimos antes, os líderes da empresa devem incorporar os valores da organização em suas ações e condutas diárias – lembre-se de que é você quem deve inspirar a todos. Bons líderes estabelecem o tom para o restante da equipe e são responsáveis por criar e manter uma cultura empresarial positiva e produtiva. É importante que os líderes sejam exemplos a serem seguidos, demonstrando integridade, ética e comprometimento com os valores da empresa.

5. Feedback construtivo

Estabelecer um sistema eficaz de feedback é essencial para o desenvolvimento e o crescimento dos colaboradores. Isso engloba retornos regulares e construtivos sobre o desempenho, reconhecendo as conquistas e identificando possíveis áreas de melhoria. O feedback deve ser objetivo, específico e orientado para o desenvolvimento pessoal e profissional.

6. Participação de colaboradores

Incluir os colaboradores em decisões importantes e compartilhar informações sobre o desempenho e os resultados da empresa ajuda a aumentar o senso de pertencimento e de responsabilidade.

Reuniões regulares, sessões de *brainstorming*, grupos de trabalho e outras iniciativas promovem a participação e o envolvimento dos colaboradores na vida da empresa.

7. Celebração e tradição

Estabelecer tradições e realizar celebrações que fortaleçam a identidade da empresa e promovam o reconhecimento e o apreço pelos colaboradores é essencial para construir uma cultura empresarial positiva e motivadora. Eventos anuais comemorativos para celebrar metas, encontros sociais, celebrações de marcos importantes e outras atividades semelhantes contribuem para a criação de um senso de comunidade e pertencimento entre os membros de seu dream team.

Esses são alguns dos pilares fundamentais quando se trata de construir uma cultura empresarial forte e sustentável, que busca promover o crescimento exponencial e o alcance de metas audaciosas e supercabeludas. Quando você investe no desenvolvimento e no bem-estar de seus colaboradores, sua empresa estabelece um ambiente de trabalho positivo e inspirador, onde todos têm a oportunidade de alcançar seu pleno potencial e, quem sabe, andando até uma milha extra.

Escaneie o QR Code para ter acesso a conteúdos ricos, complementares ao material deste livro.

CAPÍTULO 10

INTELIGÊNCIA 6: TRACE UM PLANO

Jim Collins diz o seguinte: "Não são as circunstâncias que causam resultados – são as pessoas".[22] Agora que você já desenvolveu cinco das sete inteligências para levar sua empresa ao crescimento exponencial, chegou a hora de finalmente entrar em ação e fazer esse foguete decolar. Você já tem sua meta audaciosa e supercabeluda, portanto, chegou a vez de traçar um plano estratégico para fazer essa meta acontecer. E por que é tão importante elaborar um planejamento antes de entrar em ação?

Quando eu trabalhava na MCS TIM, tinha a possibilidade de estar sempre na companhia de um dos CEOs para estruturar os planos das ações que ele desenvolvia. E era impressionante como algo sempre ficava faltando – uma comunicação negligenciada com o departamento financeiro, um contrato esquecido no processo, uma meta subestimada, ou até mesmo uma etapa fundamental, como a divulgação de um novo produto ou serviço. Uma vez, ao desenvolver um plano com a intenção de esmagar a concorrência, percebi – tarde demais – que ficou faltando um simples panfleto com os preços de nossos produtos. Após todo o trabalho árduo de alinhar marketing, vendas, logística, financeiro e investimentos, o detalhe do panfleto passou completamente despercebido. Foi muito frustrante, não vou negar, mas também foi um aprendizado significativo. O CEO me lembrou ali, e com razão, que não adiantava

22. COLLINS, J. *op. cit.*

tentar culpar terceiros ou circunstâncias externas – o que importava era: **o que não havia sido previamente planejado não havia sido executado**. E essa é uma lição valiosa quando falamos sobre planejamento.

Então, como traçar esse plano sem se esquecer de nenhuma etapa importante? Primeiro, é preciso definir o objetivo e o caminho que a empresa deseja percorrer, a fonte que guiará toda a trajetória, como os exemplos a seguir.

Fonte 1: Desenvolver um novo projeto.
Fonte 2: Criar uma nova empresa do zero.
Fonte 3: "Exponencializar" o crescimento de uma empresa já existente.
Fonte 4: Mergulhar em novos mercados ou novas oportunidades.

Normalmente, a maioria das empresas caminha nessas quatro prioridades e a partir da fonte escolhida. Tudo começa, então, com uma sessão de "temporal de palpites" – o famoso *brainstorming* –, mas com uma metodologia por trás dessa chuva de ideias que pode ser feita de diversas formas. A maneira de que mais gosto e que considero mais eficaz é convidando para a mesa todos os decisores. E não importa se esses decisores são você e sua esposa, em uma empresa pequena que está começando, ou se é uma grande empresa que conta mais uma dúzia de diretores e gerentes – o que importa é que todos estejam presentes.

A partir desse encontro e da fonte do projeto, é preciso criar um ambiente propício para que todas as pessoas falem à vontade, sem serem criticadas, em um jogo de ideias e perguntas aleatórias para que a maior quantidade de variáveis possíveis seja considerada. Contudo, para que algo verdadeiramente prático seja extraído desse temporal de palpites, é preciso retomarmos o conceito de organização abordado no capítulo a respeito da milha extra. Aprendi isso com esse CEO da MCS TIM há quase vinte anos: todo *brainstorm* precisa ser guiado. Se não há ordem, nenhuma boa ideia é bem aproveitada; então, é aqui que entra o que eu chamo **de 6Ps – Os 6 pilares do planejamento estratégico** – seis pontos cruciais para guiar seu plano de crescimento: produto, praça, propaganda, preço, pessoas e processos.

6PS – OS 6 PILARES DO PLANEJAMENTO ESTRATÉGICO

Os seis pilares que apresentarei agora são fundamentais para orientar o desenvolvimento e a execução de seu plano estratégico de crescimento. Explicarei cada um deles separadamente a seguir. Depois, mostrarei as ferramentas necessárias para que você possa organizar as tarefas extraídas dele e garantir que cada uma delas tenha alguém responsável para executá-la. Assim, você será capaz de desenvolver um plano de ação sabendo exatamente como organizar cada pilar, sem que nenhum ponto importante seja deixado para trás.

Durante a sessão de *brainstorming*, é importante fazer muitas anotações. Se você e seus sócios (ou parceiros) estiverem on-line, em uma reunião virtual, procurem anotar as boas ideias para compilar as informações de todos depois; se estiverem em uma sala de reunião, anotem tudo em Post-its, em um caderno ou, até mesmo, em uma lousa. O essencial é ter acesso a todas as ideias para que possam, futuramente, ser amadurecidas e transformadas em um plano de ação.

Então, vamos lá: quais são os seis temas principais que devem ser debatidos em uma reunião de *brainstorming* quando buscamos elaborar um plano de ação e no que devemos prestar mais atenção?

1. Produto

Esse pilar deve abordar a essência do que a empresa deseja oferecer ao mercado. Desde a concepção até todo o desenvolvimento e a entrega. O foco deve estar na inovação, na qualidade ou nas adaptações de acordo com as necessidades dos clientes. O produto é o coração do negócio e não se limita à solução que você oferece a seu cliente; também abrange toda a experiência que você proporciona a partir dele. Cada etapa do produto deve ser cuidadosamente planejada para garantir que atenda – e até exceda – as expectativas do cliente. Para desenvolver esse aspecto, é importante considerar a profunda compreensão das necessidades do mercado e dos desejos dos consumidores. Portanto, uma pesquisa de mercado pode ser essencial para identificar lacunas e oportunidades que esse produto pode suprir.

2. Praça

Esse pilar se refere ao território e à distribuição que o produto ou serviço pretende alcançar. Nesse ponto, você deve considerar onde seu produto estará para atender ao público-alvo e de que maneira isso acontecerá. Afinal, não basta ter um produto excepcional; é preciso garantir que ele esteja disponível nos lugares e momentos certos. A distribuição e o território que você busca atender devem ser definidos a partir de uma análise do mercado e dos canais de vendas disponíveis, o que envolve compreender como e quando seus clientes preferem comprar tal produto. Vale lembrar que, se seu público estiver na esfera on-line, é importante avaliar como garantir uma forte presença no comércio digital e nos *marketplaces* mais relevantes.

3. Propaganda

O terceiro P diz respeito a todas as pautas referentes a propagandas, promoções, marketing e vendas. De que maneira a comunicação de seu produto, sua marca ou sua empresa é feita ao público? Devem ser discutidas as estratégias de publicidade, marketing e, até mesmo, as relações públicas para construir uma imagem positiva e atrativa. Será que você precisa de uma assessoria de imprensa, por exemplo? A propaganda vai muito além de anúncios ou publicidades; abrange o desenvolvimento de uma narrativa envolvente e autêntica que cria afinidade e vínculo com seu público – é seu posicionamento de mercado. Procure considerar se o produto, a empresa e a marca precisam estar nas mídias tradicionais (como televisão, rádio e jornais) ou se funcionam melhor em plataformas on-line, redes sociais e sites de busca. Caso a segunda opção seja mais adequada a seu projeto, não se esqueça de considerar a possibilidade de criar conteúdo relevante que gere engajamento e fidelidade de público, por meio de blogs, canais de vídeo ou newsletters, por exemplo. O P de propaganda engloba tudo aquilo que constrói a reputação da marca e impacta diretamente o retorno dos investimentos.

4. Preço

O P de preços deve considerar todos os aspectos relacionados a números: custos, faturamento, valores, projeções e lucro, por exemplo. É preciso saber determinar os preços e valores de um produto para equilibrar os custos e a lucratividade da sua empresa. E, aqui, não me refiro apenas ao valor monetário de seu produto ou serviço e de que maneira você entrega a percepção de valor para o cliente, mas também aos custos fixos e de produção, à viabilidade econômica, aos impostos e à comparação com preços praticados pela concorrência. A estratégia deve garantir que o preço que chegue ao consumidor seja competitivo, sem que isso desequilibre toda a estrutura financeira da empresa. Por isso é tão importante trabalhar cada um desses pontos em reunião e com todos os decisores.

5. Pessoas

Nessa parte, entra muito daquilo que conversamos no capítulo anterior sobre a cultura empresarial. De que modo vamos considerar o envolvimento dos colaboradores no novo projeto? Deve-se pensar nas pessoas por trás de tudo o que impulsiona a organização, a marca, o produto ou o serviço, por exemplo. É o momento de avaliar se será preciso investir em recrutamento e treinamento, ou de que maneira você incentivará seu dream team a se manter motivado e capacitado diante de um novo desafio. Também é preciso analisar se demissões serão necessárias ou se alguns colaboradores passarão a ser líderes diante do novo cenário. Não se esqueça de considerar o ambiente de trabalho inclusivo e acolhedor do qual falamos antes, para que todos se sintam respeitados e valorizados, de modo a entregar as melhores ideias e esforços para alcançar os objetivos. A comunicação aberta e transparente será fundamental ao longo de um novo projeto, portanto não deve ser esquecida durante seu planejamento.

6. Processos

Esse é um dos pilares mais importantes, e deixei para apresentá-lo por último porque é parte fundamental de todos os anteriores. O P de processo se refere ao conjunto de operações, processos e sistemas que sustentam as atividades da empresa e, mais que isso, do novo projeto que você pretende desenvolver. A pergunta que se deve fazer é: quais processos precisarão ser implementados para que cada uma das novas ideias seja colocada em prática? Contemplar os processos em seu planejamento é o que garantirá a eficiência, a consistência e a qualidade de todas as operações. Processos bem-definidos e otimizados são fundamentais para maximizar produtividade, minimizar custos e assegurar o bom andamento durante a trajetória rumo à sua meta audaciosa e supercabeluda. Aproveite esse P para identificar melhorias nos processos já existentes; por exemplo, automação de tarefas repetitivas, simplificação de fluxos de trabalho complexos e eliminação de desperdícios ou excessos.

GERENCIAMENTO DE TEMPO E IOSF

Eu sei. São muitos os pontos que precisam de atenção para se iniciar um novo projeto, ainda mais no caso de um que tenha a ambição de alcançar uma meta audaciosa e supercabeluda. Por isso mesmo, é importante se organizar e definir com atenção cada pilar descrito. Um bom temporal de palpites – sempre guiado pelos 6Ps – deve ser uma discussão profunda com o objetivo de se extrair dele uma lista de atividades e projetos (menores) que, juntos, irão compor seu planejamento estratégico em direção à meta maior.

Uma vez que todas essas atividades e tarefas necessárias estejam definidas e listadas, é o momento de avaliarmos a importância e a urgência de cada uma delas. Para fazer isso, uso uma famosa ferramenta de gerenciamento de tempo conhecida como Matriz de Eisenhower.[23]

Conforme você pode ver na imagem anterior, a matriz divide as tarefas em quatro quadrantes, com base em sua importância e urgência.

O primeiro quadrante é ocupado pelas atividades muito importantes e muito urgentes, a que damos a nota 1. No segundo quadrante, aparecem as atividades importantes, mas não urgentes,

23. CONHEÇA a matriz de Eisenhower e encontre tempo para inovar. **Sebrae**, 25 ago. 2023. Disponível em: https://sebrae.com.br/sites/PortalSebrae/artigos/conheca-a-matriz-de-eisenhower-e-encontre-tempo-para-inovar,3b9126147dd2a810VgnVCM1000001b00320aRCRD. Acesso em: 14 mar. 2024.

classificadas com a nota 2. Já no terceiro quadrante, encontram-se as atividades não importantes, mas urgentes, que recebem a nota 3. Finalmente, no quarto quadrante, ficam as atividades não importantes e não urgentes, às quais atribuímos a nota 4.

A partir de então, passamos a priorizar as atividades de acordo com as notas, de 1 a 4. Ou seja, as atividades com nota 1 precisam ser realizadas imediatamente; aquelas com nota 2 devem ser agendadas para serem feitas em seguida; já as atividades com nota 3 podem ficar a cargo de alguém que possa executá-las; por último, as atividades com nota 4 podem ser canceladas, por serem pouco importantes.

Essa matriz é uma ferramenta muito útil e libertadora, principalmente quando você se depara com uma lista de atividades que parece interminável – como o que costuma acontecer após as reuniões de temporal de palpites. Ela nos ajuda a priorizar e tomar decisões de uma maneira mais clara.

É importante ressaltar que, como estamos falando de uma série de atividades, tarefas e ações necessárias para se realizar um grande projeto – como o planejamento estratégico que será desenvolvido a partir de agora –, é óbvio que as tarefas não serão executadas por uma única pessoa. Portanto, ao definir a lista de tarefas e o grau de prioridade de cada uma delas, é fundamental também definir três elementos:

1. O responsável pela execução dessa tarefa.
2. O prazo para que ela seja realizada.
3. O custo dessa execução.

Certamente, o último elemento precisa respeitar o limite de gastos, previamente estabelecido no orçamento por você e sua equipe ao longo do temporal de ideias. Percebe como o planejamento é fundamental? Se você não tem clareza sobre todas as ações que traçará e todos os processos e custos envolvidos nelas, corre o risco de ampliar os problemas e obstáculos.

Depois da definição de todos esses pontos de um planejamento estratégico, vem a parte final, que chamo de:

IOSF
(**I**r **O**lhar **S**e **F**ez)

A IOSF é uma rotina de reunião de projetos que acontece semanalmente, na qual todos os membros da equipe se reúnem, seja on-line ou presencialmente, para acompanhar as atividades em andamento. Nessas ocasiões, cada atividade é discutida detalhadamente, e cada responsável é encarregado de relatar se a atividade está acontecendo conforme o previsto e se deve ser concluída dentro do prazo estabelecido. Para a IOSF, é importante elaborar uma planilha de acompanhamento, na qual você deve registar as atividades de maneira simplificada: as concluídas devem ser marcadas em verde; as atrasadas, em vermelho; e as em processo, em amarelo.

Considero a IOSF como uma boa prática de governança corporativa, e ela pode ser ajustada conforme o tamanho de seu negócio. Se a empresa está com um alto desempenho, por exemplo, podemos adotar um *sprint* diário de 30 minutos. Ou seja, uma rápida revisão das atividades programadas para serem concluídas em dia. Antes de iniciar o trabalho, o gestor conduz a reunião – que às vezes é tão rápida que pode ser feita em pé mesmo –, questionando cada membro sobre suas tarefas agendadas. Essa interação direta permite que qualquer problema seja imediatamente identificado e resolvido.

Normalmente, essas reuniões diárias são curtas, pois não há tempo para se aprofundar em questões complexas. E cada membro deve responder rapidamente sobre o andamento das tarefas pendentes. Essa prática de atualização diária permite que grandes equipes se comuniquem de maneira eficiente. Já a reunião semanal, a IOSF, por sua vez, oferece uma oportunidade para uma análise mais profunda dos problemas enfrentados entre uma semana e outra.

Escaneie o QR Code para ter acesso a conteúdos ricos, complementares ao material deste livro.

CAPÍTULO 11

INTELIGÊNCIA 7: DETERMINE SEU CAMINHO PARA A EXPANSÃO

Chegamos ao final do método 7Es e à última inteligência que você precisa desenvolver para finalmente fazer seu negócio decolar como um foguete.

Agora que você dominou os segredos para fazer sua empresa prosperar, é hora de mergulhar no universo da expansão, ampliando os horizontes de maneira exponencial. Com as inteligências anteriores firmemente estabelecidas, você já possui o alicerce necessário para uma organização de excelência e alta performance. Agora, chegou o momento de estabelecer metas verdadeiramente ousadas rumo à expansão.

Para isso, precisamos começar a olhar para todas as possíveis frentes de crescimento de uma organização, e a metodologia que desenvolvi para isso considera seis trajetórias perfeitamente praticáveis.

1. Crescimento horizontal.
2. Crescimento vertical.
3. Crescimento tecnológico.
4. Crescimento a partir de novos produtos e/ou serviços.
5. Crescimento a partir de compra de concorrentes ou de empresas correlatas.
6. Crescimento de vendas e marketing.

Saiba que, em todo o mundo, a grande maioria das empresas encontra seus caminhos de crescimento a partir dessas seis possibilidades estratégicas. Para alcançar um crescimento sustentável e significativo, é fundamental adotar uma abordagem abrangente que explore todas as facetas de potencial de expansão, escolhendo um desses caminhos para finalmente ampliar o alcance de seu negócio.

CRESCIMENTO HORIZONTAL

O crescimento horizontal é uma estratégia de expansão que visa expandir os negócios a partir da ampliação de sua presença geográfica – seja diversificando produtos ou serviços, ou adentrando em novos mercados. Essa abordagem é particularmente relevante para empresas que buscam aumentar sua participação de mercado, superar a concorrência e atingir um público mais amplo. Em termos práticos, o crescimento horizontal pode se manifestar de várias formas. Por exemplo, quando uma empresa opta por abrir novas unidades em diferentes regiões ou países, expandindo sua rede de lojas, escritórios ou fábrica, essa expansão geográfica permite que a empresa alcance novos clientes e aumente suas vendas em mercados que antes ainda não eram explorados por ela.

Uma maneira bem conhecida de crescer horizontalmente é por meio de franquias. Ao conceder licenças para terceiros operarem unidades sob sua marca, a empresa pode rapidamente aumentar sua presença em diferentes localidades, aproveitando o capital e a expertise desses franqueados.

Para determinar se sua empresa é adequada para o franqueamento, há vários pontos importantes a se considerar. Primeiramente, é essencial ter um produto ou serviço de excelência reconhecido por seus consumidores. Além disso, é fundamental ter um negócio maduro e sólido para estar preparado para administrar uma nova unidade ou para lidar com sócios franqueados. Outro indicador relevante é a percepção de demanda indicada pelos clientes; se frequentemente você se depara com comentários como "eu adoraria que esse produto/serviço estivesse na minha cidade", essa é uma deixa simples, mas significativa, que indica um potencial de aceitação da marca e dos produtos em novos locais.

Outra maneira é, por exemplo, replicando o negócio que você tem hoje e abrindo filiais em outros locais do país ou do mundo, a partir de um plano seguro e bem-estruturado. Se você tem dúvidas sobre como expandir horizontalmente, uma alternativa seria buscar consultoria especializada, como a oferecida pela minha empresa, a Goshen Land, para auxiliar na formatação desse projeto de expansão.

Uma empresa brasileira que deseje expandir sua presença internacional, por exemplo, ao adotar uma estratégia de crescimento horizontal, pode abrir filiais em diferentes países, buscando alcançar novos clientes e explorar oportunidades de mercado em uma escala mundial. Essa expansão horizontal amplia não só a base de clientes da empresa, mas também sua influência e seu alcance em nível internacional.

Independentemente da abordagem específica adotada, o objetivo do crescimento horizontal é geralmente o mesmo: aumentar a escala e a amplitude dos negócios para alcançar novos territórios, impulsionar o desempenho financeiro e fortalecer a posição competitiva da empresa no mercado global.

CRESCIMENTO VERTICAL

O crescimento vertical acontece quando uma empresa decide expandir sua área de atuação dentro da mesma cadeia de valor ou do setor de negócios em que já atua. Ou seja, em vez de se aventurar em mais regiões ou mercados, a empresa concentra seus esforços em ampliar as próprias operações ou a presença na cadeia de valor existente.

Por exemplo, lembra-se do exemplo da clínica pediátrica da qual fui sócio com minha esposa? Quando decidimos expandi-la, evitei um crescimento horizontal, devido à complexidade que envolveria gerenciar múltiplas clínicas em diferentes localidades ou criar uma rede de franquias. Em vez disso, optei pelo crescimento vertical. Isso significava transformar a clínica em um hospital pediátrico completo ou, então, estabelecer um centro pediátrico abrangendo todas as especialidades necessárias no mesmo local – e foi o que fizemos.

Portanto, o crescimento vertical é semelhante a deixar de ser apenas um vendedor de sapatos e se tornar a própria fábrica de sapatos. Quando você se transforma na fábrica, desenvolve habilidades tão especializadas que pode, até mesmo, passar a fornecer serviços de produção para outros fabricantes de sapatos. E é isso que chamamos de verticalização.

Claro, muitas empresas renomadas adotam a estratégia de verticalização em suas operações. Recentemente, a tendência à especialização extrema diminuiu. E o que isso significa? Que não é mais necessário ser um especialista em todas as etapas da cadeia produtiva; afinal de contas, com as novas técnicas de gestão e expansão de negócios, ficou mais viável considerar a verticalização. Um exemplo hipotético de crescimento vertical seria a seguinte situação: imagine que a Tesla, em vez de só fabricar carros, decidisse também criar sua própria marca e vender seus veículos exclusivamente em suas concessionárias. Embora isso não seja o que a Tesla faz na prática, ilustra bem o conceito de crescimento vertical.

Caso esse seja o tipo de crescimento que você busca, deixo aqui duas dicas para analisar seu cenário atual.

1. Avalie se há algum fornecedor cujo trabalho você acredita que poderia ser executado de modo mais eficiente internamente. Se esse fornecedor representa um custo significativo para suas operações ou está prosperando mais do que sua própria empresa, pode ser um sinal de que a verticalização seria vantajosa.

2. Analise se há demanda por serviços adicionais entre seus clientes atuais. Por exemplo, se você possui uma clínica de pediatria e seus clientes frequentemente solicitam serviços especializados, como neurologia pediátrica ou cardiologia pediátrica, isso pode indicar uma oportunidade para expandir sua oferta de serviços no mesmo local.

Em resumo, o crescimento vertical pode ser uma estratégia eficaz para aumentar a eficiência operacional, reduzir custos e atender às necessidades crescentes dos clientes, desde que seja implementado de maneira cuidadosa e estratégica. Daí a importância de considerar uma consultoria especializada em crescimento empresarial.

CRESCIMENTO TECNOLÓGICO

Já o crescimento tecnológico é uma parte essencial da evolução dos negócios nos tempos modernos. Como ele acontece exatamente? A tecnologia é uma ferramenta poderosa que permite a você impulsionar os negócios e expandir as operações, tanto para facilitá-las quanto para ampliar o alcance. Um exemplo inspirador disso é a trajetória da Ambev. Por muitos anos, a empresa se dedicou a vender bebidas para bares e restaurantes, mas sempre teve o desejo de atingir diretamente os consumidores finais, sem, no entanto, competir com seus próprios clientes.

Foi então que a Ambev desenvolveu o aplicativo Zé Delivery – por trás desse serviço está a própria Ambev, embora sob um nome diferente, o que evita uma competição explícita com os parceiros comerciais. Através do Zé Delivery, qualquer pessoa pode adquirir cerveja, água ou refrigerantes diretamente da Ambev, de maneira muito semelhante ao que fazemos com iFood, mas com foco exclusivo em bebidas. Esse é um exemplo claro de como a tecnologia permitiu à Ambev expandir seus negócios de modo inovador.

Outro caso interessante de crescimento tecnológico é o da Invisalign, empresa que comercializa o aparelho ortodôntico transparente que hoje é amplamente utilizado em clínicas odontológicas em todo o mundo. A tecnologia por trás do produto da Invisalign foi tão bem desenvolvida, e a marca é tão eficaz e atrativa para os pacientes, que os dentistas se sentem obrigados a oferecê-lo em suas clínicas. Isso não apenas proporciona uma experiência melhor aos pacientes, mas também aumenta a competitividade dos profissionais de odontologia que adotam essa tecnologia avançada.

Como você pode seguir esses exemplos e alavancar o crescimento tecnológico em seus próprios negócios? Minha dica é: identifique processos que possam ser automatizados e informe-se sobre o que há de novo no mundo tecnológico – por exemplo, Internet das Coisas e Inteligência Artificial, ou mesmo plataformas de e-commerce. A partir disso, desenvolva processos tecnológicos diferenciados em sua empresa para acessar novos mercados ou clientes.

Quando discutimos tecnologia, é fundamental analisar o que está disponível no mundo dentro de seu segmento de mercado, mas que você ainda não está utilizando.

Lembre-se de olhar para a grama mais verde de seu vizinho! Pode ser que algum concorrente já tenha encontrado alguma inovação ou que haja tecnologias e soluções que poderiam ser aplicadas em seu negócio. Por exemplo, se você tem um haras, pode pensar: *Talvez esse sistema de gestão utilizado em outra fazenda possa ser extremamente útil no meu negócio* – e essa percepção pode abrir portas para a escalabilidade e o crescimento de seu empreendimento. É nesse momento que você começa a perceber que determinado software, aplicativo, processo ou modelo de negócio pode ser adaptado para seu contexto.

CRESCIMENTO A PARTIR DE NOVOS PRODUTOS E/ OU SERVIÇOS

O crescimento a partir de novos produtos e/ou serviços acontece quando sua empresa busca diversificar seu portfólio. Isso pode ser alcançado por meio do desenvolvimento de novos produtos ou linhas de negócios que complementem os produtos existentes ou que atendam às necessidades de mercado ainda sem resolução.

Por exemplo, uma empresa de tecnologia que originalmente oferece software pode expandir sua oferta para incluir hardware relacionado ou serviços de consultoria. Já uma relojoaria pode perceber uma oportunidade de expandir o próprio negócio ao comercializar outros acessórios ou serviços de conserto. Por sua vez, uma fabricante de vasos decorativos para hotéis que deseje aumentar o faturamento pode optar por introduzir novas linhas de produto, como cadeiras de luxo.

É verdade que, nesse modelo de crescimento, podem surgir novos desafios, já que se trata de entrar em um segmento completamente diferente do atual. No entanto, existe uma grande vantagem: você já está inserido no mercado e conhece seus clientes e consumidores, seus hábitos e suas preferências. Isso facilita bastante a introdução de novos produtos e/ou serviços para esse público.

A própria Samsung adotou esse tipo de estratégia. Além de vender televisões e celulares para grandes varejistas, a empresa oferece produtos menores, como relógios inteligentes e tablets. E embora estes não tenham a mesma demanda que as televisões, a Samsung já possuía uma relação estabelecida com os varejistas, o que facilitou a introdução de novos produtos e itens no mercado.

Se sua intenção for adotar essa estratégia de crescimento, é importante levar alguns pontos em consideração.

1. Analise se há oportunidades não exploradas em seu portfólio de produtos, que possam ser direcionadas para o mesmo perfil de cliente ideal. Por exemplo, se você percebe que os clientes de sua relojoaria também têm interesse em acessórios de moda, pode considerar vender pulseiras ou estojos de relógio.
2. Evite saturar seu portfólio com muitas opções e foque naqueles produtos que melhor atendam às reais preferências de seus clientes. Por exemplo, o McDonald's deve analisar se faz sentido introduzir uma nova sobremesa no cardápio, caso perceba que os clientes costumam ir a outros estabelecimentos para satisfazer essa vontade após consumir um lanche em uma de suas lojas.

Uma dica valiosa para quem deseja crescer a partir da ampliação de produtos ou serviços é adotar a abordagem conhecida como "50-30-20". Isso significa distribuir seus esforços da seguinte forma:

1. Metade (50%) de seu foco deve ser dedicada a manter e aprimorar os produtos ou serviços que você já oferece. E isso envolve investir recursos, como tempo e dinheiro, em qualidade, embalagem, promoção e outros aspectos que garantam a excelência dos produtos existentes. Ou seja, no caso do McDonald's e do famoso Big Mac, por exemplo, é importante manter a qualidade e disponibilizar promoções e embalagens diferenciadas para atrair e fidelizar clientes.

2. Destine 30% de seus recursos para melhorar ainda mais os produtos ou serviços atuais. Isso significa buscar constantemente maneiras de aprimorar a experiência do cliente, introduzindo novas funcionalidades e melhorias de design, ou mesmo fazendo adaptações às tendências e demandas do mercado.

3. Por último, reserve 20% de seus esforços e investimentos para o desenvolvimento e o lançamento de produtos ou serviços. Essa porcentagem é fundamental se você procura a inovação, pois permite explorar outras oportunidades de mercado, conquistar novos segmentos de clientes e se manter competitivo no longo prazo.

A abordagem equilibrada do 50-30-20 proporciona uma estrutura sólida para a expansão através do desenvolvimento de produtos e serviços, garantindo que você mantenha a qualidade e a relevância dos produtos existentes, enquanto busca continuamente inovação e crescimento em seu mercado-alvo.

CRESCIMENTO A PARTIR DA COMPRA DE CONCORRENTES OU DE EMPRESAS CORRELATAS

A aquisição de concorrentes (também conhecida como M&A – *merges and acquisitions)*, anteriormente vista como uma atividade exclusiva das grandes corporações, tem se tornado cada vez mais acessível e simples. Conforme vimos nos primeiros capítulos deste livro, basta observar a quantidade de empresas que enfrentam dificuldades financeiras ou até mesmo encerram suas atividades nos primeiros anos de operação.

Um ponto preocupante no cenário das empresas brasileiras é que a maioria delas são micro ou pequenas e passam por uma transição muito desafiadora para alcançar o médio porte. Isso pode ser atribuído à falta de acesso a capital, a problemas de gestão e a modelos de negócios inadequados para sustentar o crescimento e todos aqueles pontos que já abordamos no início do livro. Essa estagnação no tamanho das empresas é prejudicial para o desenvolvimento econômico de cada uma delas – e geralmente o que as impede de expandir e contribuir de maneira mais significativa para o mercado nacional.

Parte da minha intenção ao escrever este livro é justamente ajudar a transformar micro e pequenas empresas em médias empresas, e médias em grandes corporações. Por isso, antes de pensar na estratégia de adquirir concorrentes, é importante avaliar se vale a pena realizar um crescimento horizontal, vertical, tecnológico ou de produtos e serviços, ou se é mais vantajoso adquirir uma empresa que já possui essas características.

Um exemplo disso seria uma empresa do setor de agronegócio que produz soja e carne bovina. Em vez de comprar terras para expandir sua produção, pode adquirir fazendas de segunda geração, cujos proprietários originais não desejam mais continuar na atividade agrícola. Essas fazendas devem ser adquiridas a um custo mais baixo e já estar prontas para uso, proporcionando uma expansão mais rápida e eficiente dos negócios.

Assim, uma análise cuidadosa das oportunidades de mercado, a comparação financeira e o entendimento dos custos e esforços envolvidos na expansão são fundamentais para decidir se a aquisição de concorrentes ou outras empresas disponíveis no mercado é a estratégia mais adequada para o crescimento e o desenvolvimento de seu negócio.

Quero aproveitar para fazer uma ressalva: meu objetivo não é ensinar todos os pilares de uma M&A ou convencer você de que esse é o melhor caminho de expansão para sua empresa. O intuito é apenas permitir que você saiba que essa é uma das possibilidades para uma expansão.

CRESCIMENTO DE VENDAS E MARKETING

Muitas pessoas acreditam que, para crescer exponencialmente, é preciso vender mais ou fazer mais marketing – só que essa é uma percepção bastante equivocada. Por quê? A resposta está na necessidade de uma análise criteriosa que você precisa fazer antes de investir nesses aspectos. É fundamental compreender para onde você está indo e qual será o retorno de seus investimentos em marketing e vendas; caso contrário, você corre o risco de desperdiçar seus recursos sem alcançar os resultados que tanto almeja.

Quando você analisa as diversas estratégias de crescimento possíveis, percebe que ajustar o curso de seu foguete para a direção certa tende a levar a um resultado de vendas muito maior com um mesmo orçamento que você, talvez, desejasse dedicar apenas ao marketing. A chave do crescimento exponencial está em saber ajustar o modelo de negócios, para aumentar o retorno sobre cada centavo investido, e não apenas o de determinadas áreas.

Certamente é possível crescer e expandir sua empresa a partir do marketing e das vendas, mas não sem antes focar suas estratégias para um crescimento e um amadurecimento muito maiores da empresa como um todo.

Vamos pegar o caso da marca Vivara, por exemplo. A loja começou sua trajetória de crescimento de modo horizontal, abrindo várias filiais. Posteriormente, expandiu suas operações ao incluir uma variedade de produtos e serviços, tornando-se uma grande vendedora de relógios, além das joias. Depois, decidindo avançar ainda mais, a empresa optou por um crescimento vertical e passou a montar os relógios de suas próprias lojas. Em seguida, para alcançar regiões em que ela não conseguia estar presente, adotou uma abordagem de crescimento tecnológico ao desenvolver um aplicativo e um site de e-commerce. E o crescimento não parou por aí: a Vivara decidiu expandir ainda mais quando optou pela estratégia de aquisição de concorrentes – ou de criação de submarcas (que poderia ser aquisição de concorrentes) ao lançar a Life, conhecida por suas pulseiras charmosas e personalizáveis, cuja marca é Life by Vivara.

Isso permitiu que a Vivara consolidasse sua presença no mercado para, só então, potencializar seus esforços voltados ao marketing e às vendas, a fim de aumentar sua visibilidade e atrair mais clientes para suas lojas e plataformas on-line. Esse último estágio de crescimento empresarial envolveu maximizar o alcance da marca e impulsionar as vendas através de campanhas publicitárias, promoções e outras iniciativas.

Você consegue perceber que se essa empresa tivesse começado a estruturar seu crescimento a partir das vendas e marketing, talvez não tivesse conquistado suas metas audaciosas? É isso que espero que você compreenda com esse exemplo. É preciso utilizar de muito planejamento estratégico e metas preestabelecidas para, só então, focar seus esforços e seu orçamento em um crescimento a partir de marketing e vendas.

Depois de alcançar esse patamar, como se deve implementar uma estratégia de crescimento voltada para marketing e vendas?

Primeiramente, é fundamental analisar as atividades atuais de marketing e vendas de sua empresa. Em seguida, você deve buscar estabelecer indicadores de desempenho em todas essas áreas. Esses indicadores ajudarão você a identificar o que está funcionando bem, o que precisa de alguma melhoria e o que está ruim. Com base nessa análise, desenvolva um plano de ação detalhado para aprimorar esses indicadores. Isso pode incluir iniciativas como o lançamento de um novo site, a troca de estratégias de propaganda, a melhoria da reputação on-line da empresa, a otimização da equipe de vendas, entre outras.

No entanto, como já falamos antes, também é fundamental acompanhar de perto o progresso e ajustar o plano conforme o necessário. Reuniões regulares e IOSFs de marketing e vendas serão essenciais para garantir que a empresa esteja no caminho certo para o crescimento. Além disso, a fim de ajudar na implementação dessa estratégia, uma análise SWOT pode ser uma ferramenta valiosa – e quero aproveitar para compartilhar um modelo dessa análise por meio do QR Code a seguir. Ela permitirá que você avalie pontos fortes, pontos fracos, oportunidades e ameaças a seu negócio.

Para finalizar, é importante destacar que o crescimento por meio de marketing e das vendas exige não apenas um investimento financeiro e de tempo, mas também um investimento significativo em treinamento, capacitação e desenvolvimento de seu dream team para solidificar a marca. Por isso, as reuniões regulares e uma abordagem proativa serão essenciais para garantir que essas áreas recebam a atenção e o foco necessários para impulsionar o crescimento da empresa.

Ressalto que não há um caminho único ou o melhor para a expansão de um negócio. O que existe é a busca pelo caminho mais interessante considerando a realidade específica de cada empresa, e isso requer sua liderança e sua visão empreendedora. Lembre-se de que sempre é possível crescer – de uma forma ou de outra.

Embora eu tenha apresentado seis caminhos distintos para a expansão, você deve compreender, principalmente, em qual temporada seu negócio está. Algumas empresas são naturalmente mais multidisciplinares e podem explorar várias oportunidades de crescimento simultaneamente. Por outro lado, há aquelas que se concentram de maneira mais clara em um único pilar de crescimento. E existem ainda outras que, mesmo sendo multidisciplinares, precisam priorizar determinadas estratégias devido a questões como investimento, tempo ou disponibilidade de mão de obra.

Importante é saber que, para adotar uma abordagem estratégica ou tomar decisões sobre o crescimento do negócio, é preciso analisar cuidadosamente a concorrência, identificar as oportunidades mais promissoras e priorizar aquelas que oferecem o maior potencial de retorno em curto, médio e longo prazos. Quando atendo meus clientes de consultoria para a expansão, frequentemente enfatizo que sempre é possível fazer muitas coisas, mas que fazer tudo ao mesmo tempo pode levar à falta de foco e eficácia. Portanto, é mais interessante elaborar um plano de crescimento escalonado, definindo metas e estratégias específicas para cada fase do desenvolvimento da empresa.

Quanto mais você cresce, mais encontra possibilidades de expansão – e isso cria um ciclo virtuoso de crescimento, portanto, esteja preparado. Será preciso ter coragem e resiliência para decolar como um foguete! Vamos lá?

Escaneie o QR Code para ter acesso a conteúdos ricos, complementares ao material deste livro.

CAPÍTULO 12

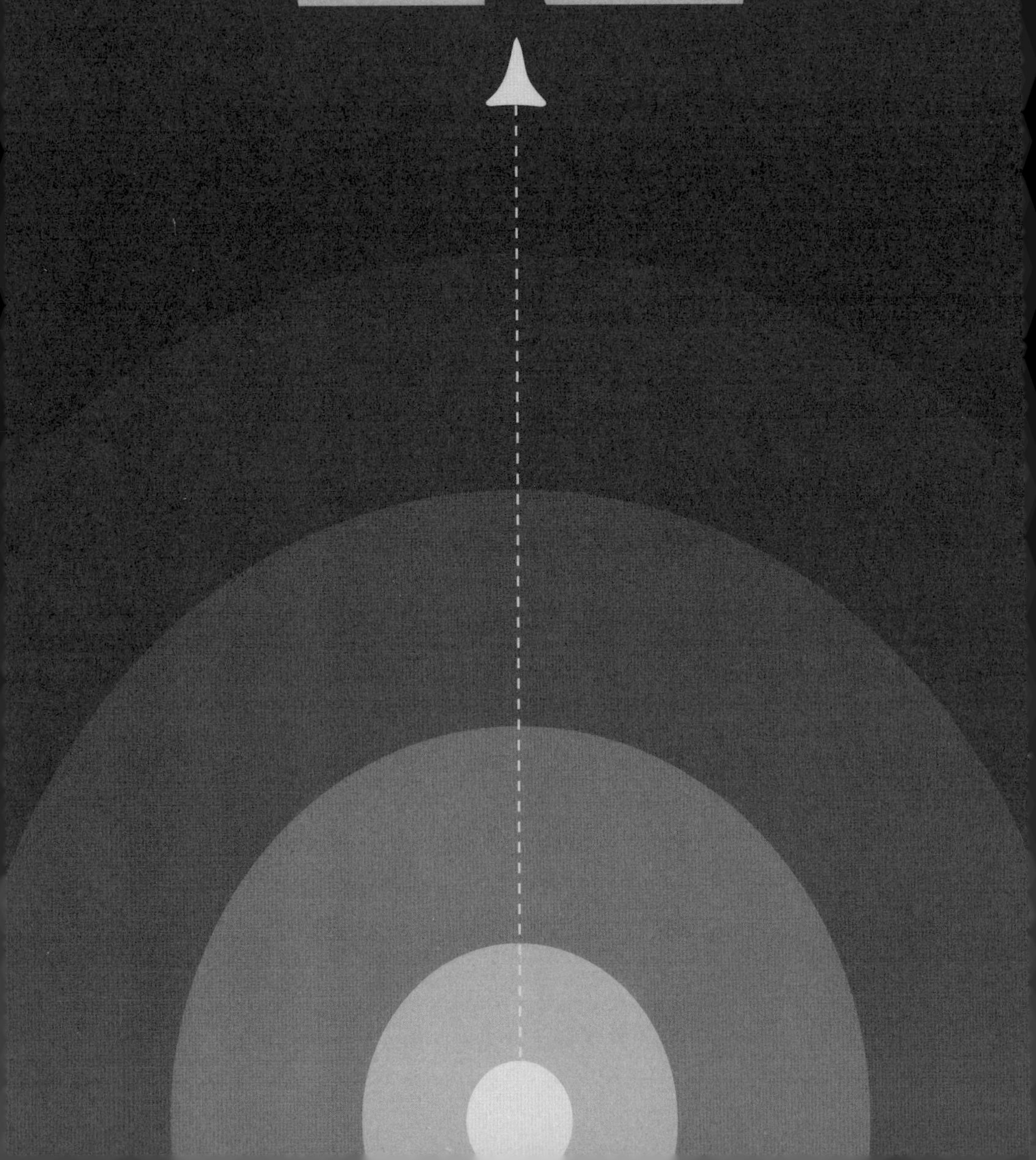

OUSE SONHAR FORA DA CAIXA

O que seria da Microsoft hoje se seus fundadores não tivessem estabelecido uma meta audaciosa, trabalhado uma milha a mais e acreditado e desenvolvido uma mentalidade de sucesso? Quem iria querer tirar uma foto com um café da Starbucks na mão, para publicar no Instagram, se seus fundadores tivessem enxergado o próprio negócio como "apenas mais uma cafeteria"? Será que a Nike seria líder de mercado hoje se não tivesse se planejado para "destruir" a Adidas? E será que a Uber teria vencido os taxistas, se não tivesse mirado em "Tornar o transporte tão confiável quanto a água corrente, para todo mundo, em todos os lugares"[24]?

Eu poderia citar muitos outros exemplos, mas gostaria de trazer um pouco da minha própria trajetória para exemplificar que, ao aplicar cada uma das inteligências anteriores, sua empresa pode dar um grande salto exponencial, assim como realizei na MCS TIM, na Claro e na Samsung – empresas que já eram grandes, mas alcançaram posicionamento de mercado e foram reconhecidas como fortes marcas em seus segmentos depois que passei por elas.

Costumo dizer que toda ideia audaciosa começa com uma vontade inexplicável. Aquele tipo de vontade tão intensa que não sai de nossa mente, a ponto de nos fazer perder o sono. É verdade que algumas pessoas têm essas vontades inabaláveis de maneira

---

24. SANTA ROSA, G. Uber muda logo e atualiza missão da empresa. **Giz BR**, 13 set. 2018. Disponível em: https://gizmodo.uol.com.br/uber-novo-logo-missao-empresa/. Acesso em: 14 mar. 2024.

intrínseca – como é meu caso –, e há aquelas que precisam buscar inspirações para alcançar o sucesso. Independentemente de seu estilo, quero que saiba que você pode ousar sonhar muito mais alto do que imagina hoje.

Sou do tipo de pessoa que dorme às 9 horas da noite, porque tenho o hábito de acordar às 4h30 da manhã. Desde a adolescência, sempre senti que existia algo em mim que me fazia já levantar com determinação, com um impulso para desenvolver algo grande. E foi quando resolvi abrir minha primeira empresa – enquanto trabalhava em outra – que o hábito de acordar tão cedo se estabeleceu: afinal, eu precisava encontrar tempo para fazer as duas coisas, e isso me levava a acordar com entusiasmo. Sempre quis estabelecer um negócio que beneficiasse empresas e pessoas, mas também gerasse retorno financeiro, e a possibilidade de transformar essa ideia em realidade era combustível suficiente para que eu me levantasse de manhã.

O problema era que eu não fazia a menor ideia de como começar, e esse obstáculo me impedia de direcionar minha ambição para um processo eficaz. Assim como muitos empreendedores iniciantes, eu também ficava preso em um ciclo de recomeçar do zero, repetidamente, e sentia que nunca conseguia avançar para a etapa seguinte. Um dia, quando ainda trabalhava como operador de telemarketing, estava voltando para casa, andando na calçada, quando notei uma pessoa roubando uma farmácia perto da estação de trem. Além do assalto em si, lembro que me chamou atenção o fato de o ladrão apontar para alguns videocassetes e exigir que o gerente entregasse as fitas com a gravação. Não sei por quê, mas aquilo me deixou indignado! Eu só conseguia pensar que não era possível que ainda não existisse uma maneira de salvar aquelas imagens gravadas em algum lugar que não fosse um VHS.

Era uma oportunidade, e aquilo começou a me tirar o sono. Não conseguia dormir à noite pensando em como resolver esse problema e encontrei ali uma grande motivação interna para fazer algo novo – criar algo que substituísse o videocassete em todos os tipos de gravação. Passei a notar que até as agências do banco em que eu trabalhava ainda operavam com as imagens em VHS – apenas sabiam como esconder melhor, para que os vídeos não fossem roubados.

Daquele dia em diante, mesmo sendo uma pessoa com um salário-mínimo de um primeiro emprego, passei a dedicar minhas horas livres para ir até a biblioteca pesquisar se era possível desenvolver um software que pudesse fazer as gravações de segurança de maneira eletrônica – enviando os arquivos diretamente para um computador distante do local da câmera. Descobri, então, que já estavam desenvolvendo algo similar, mas aquilo ainda não havia sido testado no Brasil.

Decidi desenvolver minha ideia, patenteá-la e convenci um investidor a apoiar meu plano, mesmo isso significando dividir os custos da patente em mais de doze parcelas. Hoje, penso que eu teria lançado o produto em vez de patentear a ideia, mas foi o que fiz enquanto convencia um professor da faculdade – que era da área de TI – a desenvolver o programa em um computador que peguei emprestado, além de uma câmera e uma placa de captura de imagens. Conseguimos criar o software, e ele enviava as imagens para uma página da internet – o famoso Cadê, buscador oficial dos brasileiros antes de o Google explodir.

Com tudo isso em mãos, procurei empresas que pudessem se interessar pela minha solução, na esperança de conseguir investimento. O resumo da história é que eu até encontrei quem gostasse da ideia, mas ninguém interessado em investir. Cerca de um ano depois, os coreanos trouxeram uma solução semelhante para o Brasil, e a empresa começou a venda de segurança eletrônica por meio de computadores de uma maneira bastante ampla e massificada.

E por que estou compartilhando esse fracasso com você? Porque hoje consigo ver que eu não fazia ideia de como proceder, não tinha uma rede de contatos estabelecida e não era maduro o suficiente, não sabia de nenhuma das inteligências que trouxe para você neste livro. Contudo, tinha uma ideia e uma motivação tão fortes que me fizeram desenvolver algo que grandes potências já estavam buscando desenvolver. E isso me diz muito mais sobre meu potencial do que a execução malsucedida.

Se você não tiver essa motivação intrínseca, esse impulso que faz você acordar de manhã como se estivesse apaixonado por um objetivo, precisa aprender a buscar inspiração em outras pessoas que alcançaram o sucesso e passar a acreditar em sonhos impossíveis. Tenho um podcast, o *Papo de expansão*, no qual você encontra diversas histórias inspiradoras de empreendedores.

O impacto significativo veio para minha vida quando li um livro chamado *Mauá: empresário do império*,[25] que conta a inspira-

25. CALDEIRA, J. **Mauá**: empresário do império. São Paulo: Companhia das Letras, 1995.

dora história de Irineu Evangelista de Souza, o visconde/barão de Mauá, que expandiu seus negócios em escala planetária, com dezessete empresas em seis países. Um brasileiro que começou sua jornada muito pobre – como eu – e fundou, no Rio de Janeiro, nada menos que o Banco do Brasil, transformando-o na maior empresa do ramo durante o Império.[26] O barão de Mauá introduziu a iluminação pública pela primeira vez no Brasil e estabeleceu a primeira linha ferroviária de Santos a Jundiaí, na época de Dom Pedro II.

Ele foi o empresário mais rico do Brasil até hoje, chegando a ter mais dinheiro que o próprio Império. Enquanto eu lia sobre sua vida e suas realizações, sentia uma inspiração imensa. Não podia acreditar que alguém fosse capaz de criar uma empresa tão grande a ponto de superar o próprio governo. Ele tinha propósitos claros, e suas preocupações iam desde a criação de energia elétrica e a gás até a importação de trens a vapor da Inglaterra para o Brasil em 1880.

E por que histórias como essas são importantes? Se ele foi capaz de alcançar tanto em uma época tão desafiadora, por que eu (e você, leitor) não podemos conseguir também? Essa reflexão me levou ao meu primeiro ponto: ou você tem essa motivação intrínseca, ou você encontra inspiração em outras histórias. Depois disso, entra em jogo algo que valorizo muito: cultivar uma mentalidade positiva. Além de ter essa motivação interna ou buscar inspiração externa, é fundamental acreditar em si, na própria capacidade de superar desafios e de alcançar metas audaciosas. Muitas vezes, tendemos a

---

26. WESTIN, R. Criado há 170 anos, Banco do Brasil era privado e financiou a Guerra do Paraguai. **Senado Federal,** 7 jul. 2023. Disponível em: https://www12.senado.leg.br/noticias/especiais/arquivo-s/criado-ha-170-anos-banco-do-brasil-era-privado-e-financiou-a-guerra-do-paraguai#:~:text=Em%201851%2C%20o%20empres%C3%A1rio%20Irineu,empresa%20do%20ramo%20no%20Imp%C3%A9rio. Acesso em: 14 mar. 2024.

nos subestimar, a duvidar de nossas habilidades. E é justamente quando acreditamos em nós mesmos que conseguimos avançar.

Talvez você esteja se perguntando: *Mas como criar essa mentalidade positiva, Dema*? Comece desafiando pensamentos negativos e faça substituições por afirmações positivas e encorajadoras. Gosto de dizer isso porque é algo que preciso fazer constantemente até hoje. Enfrentei muitos momentos em que precisei aprovar grandes projetos diante de figuras proeminentes, subir em grandes palcos, fechar contratos que impactariam a sociedade ou simplesmente dar o primeiro passo em algo novo – e nem sempre meus pensamentos eram positivos. Minha mente, várias vezes, estava repleta de pensamentos negativos, questionando minhas habilidades e meu lugar como empreendedor, especialmente vindo de uma posição inicial como operador de telemarketing no Bradesco. Contudo, sempre confrontei esses pensamentos, afirmando para mim mesmo: "Não, eu sou filho de Deus, tenho capacidade e, mesmo que não tenha todas as respostas agora, posso chegar lá". E as histórias inspiradoras, como as que trouxe para este livro, sempre me ajudaram a reforçar a confiança, por isso espero que minha história pessoal também possa fazer o mesmo por você. É um recurso que utilizo para que os pensamentos negativos não atrapalhem meu avanço.

Obviamente, há dias em que estamos extremamente motivados, enquanto em outros duvidamos de nós mesmos, dizendo que certas coisas não são para nós. Mas é importante reconhecer que se trata somente de desculpas ou de um dia ruim, e não uma verdade absoluta. Depois da mentalidade positiva, criar um plano de ação é essencial – e agora você tem todas as ferramentas para fazer isso utilizando o método que ensinei neste livro. De nada adiantam motivação e mentalidade positiva se não seguirmos com a ação concreta, direcionando nossa ambição. Há um famoso ditado que diz "cachorro que ladra, não morde", e isso é verdade nos negócios também. A motivação sem ação não leva a lugar algum. É por isso que a palavra "motivação" contém a raiz "motivo" – ela deve nos motivar à ação. E é exatamente isso que enfatizo aqui: planeje, mas coloque o plano em ação.

Depois, não se esqueça de buscar apoio. Esteja aberto a fazer contatos e conexões e construa sua rede. Cerque-se de pessoas que acreditam em você, em seu potencial e em seus projetos. Eu tenho o hábito de excluir duas pessoas por ano da minha vida – e é claro que não estou falando de familiares, amigos próximos e sócios –, mas é importante perceber que muitas pessoas que estão coladas em você não agregam em nada; pelo contrário, podem até o estar puxando para baixo. Considerando que nos conectamos com diversas pessoas ao longo de um ano, duas pessoas podem parecer pouco, mas, se forem as erradas, podem realmente impactar negativamente sua jornada. Portanto, buscar o apoio de quem acredita em você e em seus objetivos é essencial; e não se trata de buscar somente elogios ou reforço positivo, mas sim de se rodear de pessoas sinceras que realmente desejam ver seu sucesso. Ter mentores e conselheiros também é fundamental, pois eles podem oferecer orientações valiosas e ajudar a traçar o caminho para alcançar seus objetivos.

Persista. Lembre-se de que haverá altos e baixos ao longo do caminho e que é preciso estar preparado para enfrentar contratempos e desafios. A persistência – combinada com boas estratégias – é a chave para superar qualquer obstáculo e alcançar o sucesso a longo prazo. Seguindo todos esses passos, é a hora de estabelecer sua meta audaciosa e traçar o plano para alcançá-la. Também é importante visualizar seu sucesso. Imagine-se atingindo os seus objetivos e pense em

A PERSISTÊNCIA – COMBINADA COM BOAS ESTRATÉGIAS – É A CHAVE PARA SUPERAR QUALQUER OBSTÁCULO E ALCANÇAR O SUCESSO A LONGO PRAZO.

AS 7 INTELIGÊNCIAS DA EXPANSÃO DE NEGÓCIOS
@DEMAOLIVEIRAOFICIAL

como sua vida será transformada ao realizar esse sonho supostamente inalcançável. No começo da minha carreira, enquanto desenvolvia o software de segurança, sempre que entrava na farmácia em que havia presenciado o assalto, imaginava meu produto instalado ali.

Por último, não se esqueça de sempre elevar sua régua. Você pode ter estabelecido metas audaciosas, mas à medida que avança é importante enxergar além e aumentar suas ambições. A primeira meta pode ser criar um sistema eletrônico de segurança; a segunda, tornar-se o maior sistema da cidade; a terceira, ser o maior do estado, e assim por diante. O ato de querer elevar a régua continuamente é o que impulsiona sua motivação. Faço isso até hoje e sempre defino objetivos audaciosos e os atualizo conforme progrido, evitando a estagnação.

Este livro é para pessoas que querem crescer como um foguete, então, uma vez que você atinge uma meta, é hora de subir a régua e seguir adiante. Vale lembrar que, para manter essa motivação, é importante saber reconhecer cada conquista e celebrar cada progresso. Por exemplo, minha meta atual é assistir à final do Super Bowl, da National Football League (NFL), em 2025. Se eu alcançar meus objetivos de 2024, me darei o prazer de assistir presencialmente ao futebol americano, independentemente do custo, como uma celebração pessoal.

Não deixe essas celebrações de lado; caso contrário, correrá o risco de se tornar escravo do processo e não aproveitar o caminho. E o mais legal: lembre-se de que o fim não existe. Muitas pessoas pensam que alcançar uma meta é o fim da jornada, mas, na verdade, a jornada sempre continua. Tudo é parte do processo; e, se você quer ter um alto desempenho e manter a motivação em alta, precisa saber disso. Aproveite o caminho, pois é nele que reside o verdadeiro crescimento exponencial e a realização.

CAPÍTULO 13

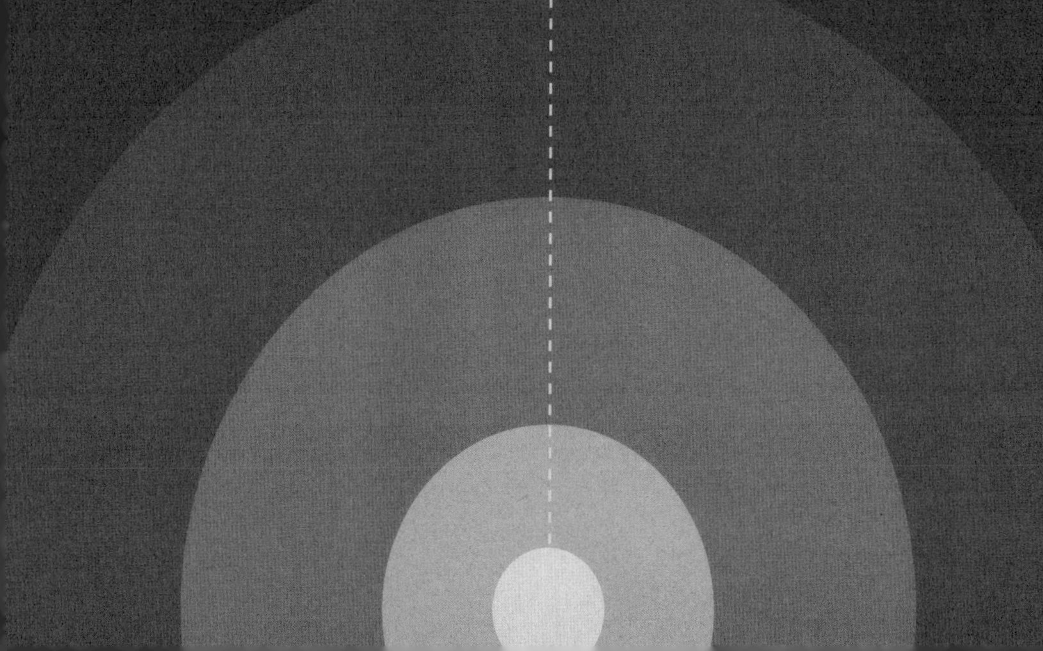

CARTA AO LEITOR

Se você chegou até aqui, espero que este livro tenha aberto novas possibilidades em sua mente, para voar cada vez mais alto. Escrevi as palavras que você tem em mãos com a esperança de que as pessoas possam ousar e sonhar com algo maior.

É comum a ideia de que o brasileiro é um povo feliz e sonhador, mas, no fundo, acredito que essa seja uma grande mentira que contamos a nós mesmos. Se compararmos nossos sonhos com os de povos de outros países, veremos que, na verdade, estamos acostumados a sonhar muito pequeno.

Sinto que temos certo receio de sonhar grande, e isso pode ser atribuído à nossa cultura e ao fato de estarmos tão habituados a nos adaptar rapidamente a qualquer situação. Isso pode até ser bom do ponto de vista de quem acompanha novidades, mas, em nosso caso, sinto que temos uma tendência a nos adaptar e estagnar – ficando confortáveis nas situações ruins que, muitas vezes, nos são impostas.

Percebi que podia inspirar outras pessoas a fazerem diferente, ao observar minha própria jornada e história de vida, assim como os exemplos que tive ao longo da carreira e que fiz questão de trazer para você. Foi para isto que senti a necessidade de escrever este livro: ajudar empresários a serem extremamente audaciosos ao estabelecer metas que parecem quase impossíveis de serem cumpridas.

Se você aprender com as inteligências apresentadas aqui, mantiver sua motivação e aplicar o método que desenvolvi, poderá transformar sua empresa de uma maneira incrível, levando sua cultura empresarial para outros locais e expandindo seus negócios para patamares inimagináveis.

É incrível como compartilhar histórias e exemplos pode inspirar e transformar as pessoas. Notei isso em minhas palestras, principalmente depois de ouvir relatos de diversos empresários, que muitas vezes estavam à beira de desistir de seus negócios ou projetos e que mudaram completamente a trajetória depois de me ouvir. Conhecendo minha história e outros exemplos inspiradores, como da Samsung e de Bill Gates, as pessoas encontram um novo ânimo, uma nova perspectiva, passam a enxergar que podem transformar o mundo através de seus empreendimentos. Essa capacidade de influenciar positivamente as pessoas foi um dos grandes motivos que me impulsionaram a escrever este livro.

O processo de crescimento pessoal durante a jornada poderia ser uma recompensa por si só, mas espero sinceramente que esta leitura possa levar muitas empresas brasileiras a crescerem a ponto de ultrapassar as fronteiras nacionais, expandindo suas áreas de atuação para América Latina, América do Norte, Europa e além. Que estas páginas sirvam como uma primeira faísca para inspirar e capacitar empresas a alcançarem suas metas audaciosas.

O potencial está lá, e estou confiante de que, com dedicação, motivação, estratégias e inteligências certas, cada empresa poderá conquistar um novo horizonte, tornando-se líderes globais em seus setores. Esse é meu desejo mais profundo para aqueles que concluírem esta leitura.

E, antes de finalizar, quero falar sobre a fé. Com ela podemos alcançar tudo aquilo que não vemos. As pessoas que mais realizaram coisas extraordinárias ao longo da história eram, frequentemente, indivíduos de grande fé. Bill Gates, por exemplo, acreditava firmemente que, apesar de um computador ser do tamanho de um quarto na época, ele desenvolveria algo que faria os computadores estarem nas mesas de escritórios e residências pelo mundo. Isso foi possível por meio da fé. Da mesma forma, Walt Disney olhou para um deserto e viu um grande parque ali. Foi com fé que ele transformou essa visão em realidade.

Elon Musk e muitos outros visionários acreditaram firmemente em suas visões, mesmo quando pareciam impossíveis. Eu também acreditava que era necessário desenvolver uma consultoria abrangente de exposição de negócios para ajudar empresas a crescerem não apenas no Brasil, mas em todo o mundo, e foi dessa fé que estruturei a Goshen Land. Acredito que minha empresa de consultoria pode realmente transformar organizações e ter um impacto positivo em escala global.

A propósito, em uma noite de oração, senti Deus falar comigo, pedindo para eu abrir a Bíblia e apontar o dedo em uma página; o ponto onde caísse indicaria o nome da empresa. Respeitei isso e, assim, defini que se chamaria Goshen. De acordo com relatos bíblicos, Goshen era uma região fértil e próspera no Egito antigo. Por se localizar no delta do Nilo, era uma área propícia para a agricultura, com solo fértil devido às cheias anuais do rio Nilo, as quais depositavam nutrientes essenciais para o cultivo. Acredita-se que os hebreus tenham se estabelecido em Goshen no tempo de José, filho de Jacó, quando ele se tornou governador do Egito e conseguiu garantir a sobrevivência da população durante um período de fome. A prosperidade da região também pode ser inferida pelo fato de o faraó conceder essa terra aos hebreus como recompensa por José ter interpretado seus sonhos e por seus serviços ao Egito.

É a fé que nos impulsiona a crer naquilo que não vemos, a confiar no processo e a persistir, mesmo diante das dificuldades. Como diz o versículo bíblico, "Ora, a fé é a certeza daquilo que esperamos e a prova das coisas que não vemos" (Hebreus 11:1).[27] E assim como Deus criou o mundo e tudo que nele há, também acredito que podemos alcançar grandes feitos a partir de uma fé inabalável. Portanto, manter essa fé firme em nossos corações é o que importa enquanto buscamos realizar sonhos e aspirações.

Que a fé seja o alicerce de sua jornada, impulsionando sua motivação para alcançar o que parece impossível, transformando em realidade sonhos que antes pareciam inalcançáveis. Espero que, ao fechar este livro, você leve para a vida todas as informações que trouxeram a esperança de resultados maiores e melhores. As dicas compartilhadas aqui fornecem o necessário para finalmente decolar como um foguete. Comece agora!

Escaneie o QR Code para ter acesso a conteúdos ricos, complementares ao material deste livro.

27. BÍBLIA SAGRADA ONLINE. Disponível em: https://www.bibliaon.com/versiculo/hebreus_11_1/. Acesso em: 14 mar. 2024.